从1到N

重新定义用户增长

赵 帅　赵 芳◎编著

互联网环境下，
什么是用户的有效增长，

不同阶段、不同类型平台如何实现用户有效增长，
最终实现运营目标。

中国铁道出版社有限公司
CHINA RAILWAY PUBLISHING HOUSE CO., LTD.

图书在版编目(CIP)数据

从 1 到 N:重新定义用户增长/赵帅,赵芳编著.—北京:中国铁道出版社有限公司,2020.4

ISBN 978-7-113-26526-7

Ⅰ.①从… Ⅱ.①赵… ②赵… Ⅲ.①网络营销 Ⅳ.①F713.365.2

中国版本图书馆 CIP 数据核字(2020)第 002051 号

书　　名: 从 1 到 N:重新定义用户增长
作　　者: 赵　帅　赵　芳

责任编辑: 陈　胚　　　　**编辑部电话:** 010-51873459
封面设计: 郑春鹏
责任校对: 王　杰
责任印制: 赵星辰

出版发行: 中国铁道出版社有限公司(100054,北京市西城区右安门西街 8 号)
网　　址: http://www.tdpress.com
印　　刷: 北京铭成印刷有限公司
版　　次: 2020 年 4 月第 1 版　2020 年 4 月第 1 次印刷
开　　本: 700 mm×1 000 mm　1/16　印张:13　字数:166 千
书　　号: ISBN 978-7-113-26526-7
定　　价: 45.00 元

前　　言

从2006年在校期间作为北京地区Huntmine(汉魅)校园大使，我先后任职于阿里巴巴、搜狗、中国搜索、中国移动等公司，从实习生到资深产品经理，至今在互联网圈子里已经从业十余年，从最开始的功能性产品经理到现在的业务性产品经理，见证了中国互联网用户的一次又一次井喷。

在这些从业经历中，每个阶段都要接收学习大量关于用户运营和用户增长的知识，以前这些知识只存在于我的有道云笔记中，从2016年，在黄磊老师和孔令凯老师的鼓励下，我第一次将互联网教育的一些看法整理出版，并在各电商网站上取得了不错的销量，这让我更加坚定了将学习心得普惠到更多互联网学习者的信心。

中国的互联网用户是一群很“玄妙”的群体，他们随着互联网的发展而不断进步，也不断推动着互联网向前进化，从web1.0到web2.0，从PC互联网到移动互联网，每个时期的用户特征都各有千秋，具体到每一个细分行业的用户群体，不同生命周期的用户爽点也截然不同，尤其是在近年来涌现出大量的现象级产品，即使是互联网从业人员，也很难洞悉用户为何会突然喜欢上一款产品，然后又很快抛弃它。

古人云：以史为鉴，可以知兴替。在互联网的世界里，我们也可以通过大量的产品案例来探究一款好的产品是如何抓住用户创造收益，而用户又是因为什么原因对产品产生不满。从用户生命周期的角度出发，本书以“用户增长”为主题，通过“流量与用户”“用户心理”“引入期”“成长期”“成熟期”“用户运营误区”六个方面进行系统性的阐述，希望读者也可以根据所负责用户所在的生命周期，可以在用户增长的方面有所启发，在每一章内都会穿插大量的案例，增加本书的可读性，帮助刚入门的互联网从业人员也可以轻松读完本书。

在每一节的结尾，都用一句"用户增长小贴士"对本节内容进行提炼，帮助读者一针见血地找到用户运营的关键点，希望给刚起步的产品提供更多用户拉新的建议，给成熟期的产品提供二次成长的契机。作为一次抛砖引玉的尝试，与更多用户增长的从业人员进行更多深入探讨。

在本书的写作过程中，衷心感谢中国移动的李小文、孔令凯、杨东等部门领导的提携教导，没有他们在日常工作中潜移默化的指点迷津，不会有如此精彩的内容。同时感谢黄磊、侯怡、朗荐辕、任汀、才东等互联网前辈在我学习道路上的勉励，让我可以有机会体验用户增长的每一个环节。

当然，由于时间和精力有限，本书在撰写过程中难免会存在一些不足和瑕疵，希望广大读者可以谅解并提出宝贵意见，感谢！

目 录

第一章

互联网都是用户的事儿

1.1 有用户才能有流量

1.1.1 互联网市场看重的是什么

2019年2月28日,中国互联网络信息中心发布第43次《中国互联网络发展状况统计报告》:截至2018年12月,我国网民规模达8.29亿,而这个数据在一年之前还是7.72亿。在这8.29亿用户中,手机网民规模达8.17亿,占比98.6%。

现在有很多中国网民的日常生活是这样的:早上起床后先打开微信查收一下消息,然后骑上家门口的共享单车到最近的地铁站,地铁上打开今日头条或者网易新闻等浏览一下最新的新闻,中午的时候打开外卖App选择一家喜欢的餐馆点餐,下午下班之前,还可能团购公司附近的KTV券去放松一下。

随着5G时代的来临,我们可能不再限制于手机、平板、电脑作为互联网应用接入的载体,无人餐厅、无人酒店、无人快递、无人仓库等诸多场景都会成为人们日常生活的一部分。比如现在我们看到不懂的英文单词,主要是通过手机App来进行扫描翻译,而在5G时代,智能眼镜或者智能蓝牙设备会帮助用户实现实时翻译,届时,有效的用户会来源于更多的产品场景。

对于互联网厂商和从业者来说，他们更看重的是：什么才是有效的用户增长；如何获取更多的有效用户。

在过去两年里，发展最快的移动应用应该是短视频类 App，伴随着智能手机成长起来的年轻一代已经习惯使用短视频进行快速高频的表达，所以抖音、快手等 App 才会迅速获取大量的互联网用户。截至 2019 年 1 月，抖音国内日活跃用户（DAU①）已经突破 2.5 亿，月活跃用户突破（MAU②）5 亿。

以这个标准，抖音信息流广告的年收入能达到 95 亿元，据彭博社报道，字节跳动预计在 2018 年的营收为 500 亿到 550 亿元，这也是字节跳动敢跟 BAT 叫板的资本。

与之形成鲜明对比的是，同样是打发无聊时间的移动 App，抖音的老前辈映客在 2018 年的表现并不如人意，从用户突飞猛进到上市港交所，映客仅仅用了三年，而随着用户红利见顶，映客的用户已经经历了几次大幅下滑，2016 年，映客月平均付费用户 229 万人，2017 年直接腰斩至 103 万人，其中三、四季度分别为 61 万人和 65 万人。

伴随着用户数量的下滑，映客的流量和营收都遇到了很大的压力，而这也是市场最看重的东西。据映客 2018 年年报显示，2018 年映客实现营收 38.6 亿元，同比下降 2.1%，在与抖音等后起之秀的竞争中，映客面临着非常之大的压力。

对公司来说，能不能在激烈的市场竞争中生存下来，关键就在于能否快速获取更多的用户，对大部分互联网产品，可能前期还没有明晰的盈利模式，只要有足够多的用户，在投资者的眼里就是一笔未经开采的金矿。

这笔未开采的金矿在以往的线下市场是很难见到的。线上可能有成千上万的免费用户，无法给公司带来一分钱的收入，看起来像是镜花水月，但一旦通过运营手段拉动这些用户开始付费，那就会在短期之内给公司带来巨大的收益。

---

① [DAU] Daily Active User 的缩写，日活跃用户数量，常用于反映互联网应用的运营情况。DAU 通常统计一日之内，登录或使用产品的去重用户数。

② [MAU] Month Active User 的缩写，月活跃用户数量。

以电商领域经常出现的价格战为例，各平台和品牌之间的价格战无非是希望在短期之内获得更多的用户，继而获得市场和资本的认可；但作为电商平台，不可能一味地进行价格补贴，在用户形成固定的消费习惯之后，电商平台必然要以盈利为目的进行产品设计和运营。

再比如知识问答社区，不管是国内的知乎，还是国外的 Quora，早期没有用户，也没有钱砸广告，创始团队可谓无所不用其极，亲自上阵自问自答，贡献了第一批高质量的问题及回答，之后才邀请测试用户继续提问和回答，直到网站的人气逐渐上来。

通过这两个例子，你大概能明白市场看重的是什么？在实现明确收益之前，市场衡量一款产品有没有价值，用户数是最主要的参考数据。

近年的互联网产品中，摩拜单车曾是一个神奇的存在，从 2016 年 4 月正式上线 2019 年上半年，摩拜融资 12 次，融资总金额超过 10 亿美元。

在此过程中，摩拜的板块从国内的北京、深圳、成都、天津等城市到多达 12 个国家的 200 座城市，每天提供超过 3 000 万次骑行服务，通过“红包车”“彩蛋车”“宝箱车”等诸多运营手段，让绝大多数年轻人接受了摩拜单车的存在。

然而，与此同时，摩拜单车也有大额数具的亏损。但摩拜单车依然是很多人眼中的香饽饽，2019 年4 月8 日起，摩拜单车宣布新的计费规则，用车费用由起步价和时长费两部分组成：起步价 1.00 元，骑行超出 15 分钟，收取每 15 分钟 0.50 元的时长费。

对于摩拜单车的这个决定，网友们戏称：“韭菜”熟了，是时候收割了。

但对于互联网厂商来说，收割韭菜并不是一蹴而就的过程，只有在前期花费大量精力培养用户使用习惯，才能在海量用户的基础上增加经济收入，减少市场上的恶意竞争。

有了用户，才有可能通过价格的机制筛选出更多的优质客户，帮助摩拜转亏为赢，继而进入可持续发展的阶段，这也是大多数互联网产品的必经之路。

用户增长小贴士

获得市场认可的第一步就是用户数。

1.1.2 用户运营能做些什么

在上一节中提到，用户增长的关键在于产品和运营人员的工作，不管是产品设计，还是活动运营，最后老板们关注的永远是用户数量和收入多少。所以产品和运营在开展工作时，大多要以用户增长为目的开展。

在互联网时代之前，传统的销售多以线下面对面的沟通为主，这种形式直到现在还被健身和美容美发等行业所采用，他们采用发传单和贴广告的形式吸引用户；但这种方式无法衡量工作效果，属于低层次的用户运营手段。

随着互联网时代的来临，很多新型的用户运营手段被挖掘出来，并用于吸引用户进行消费，以常见的电商优惠券为例，在易趣和淘宝最开始切入中国电子商务市场时，是没有优惠券这个概念的。但当优惠券出现之后，消费者会因为选择某一品牌的产品或指定金额的产品进行更多消费。在电商平台上消费越多，电商平台也就有更多的预算进行优惠券运营，同时提高了平台价值和用户价值。

2018 年年货节，天猫提供了年货节天猫购物津贴，每满 300 减 40 元、每满 600 减 90 元两档，满足年货节期间商家店铺内商品满减条件后即可抵扣相应金额，可叠加优惠券、红包、满减等优惠。一个简单的优惠券活动就可以吸引很多置办年货的用户从线下转战线上。

但更多时候，在没有天猫和京东如此大的用户基础时，又如何进行用户运营呢?

2010 年,Sean Ellis(肖恩·埃利斯)首次提出 Growth Hacker(增长黑客)的理念。在之后的几年里,Growth Hacking 的理念被 Facebook,Twitter,Quora 等国外互联网公司广泛接受,随着国内互联网创业的第一波热潮,Growth Hacking 的理念也进入了国内互联网运营人员的日常工作中。

增长黑客指以现有的用户群体为基础或渠道,让用户帮你推广你的产品,病毒式地快速增长,实现成功。

2018 年互联网的第一个风口是知识问答,一夜之间,视频网站、购物、社交 App 等都开启了"撒币"模式,而知识问答的"始作俑者"当属头脑王者。

1. 头脑王者用户增长运营方式

截至 2019 年 4 月,知乎上"怎么看待微信小程序'头脑王者'"的问题已被 306 万多网友浏览,甚至有答主整理出了游戏中的难题。

但其实头脑王者的游戏界面非常简单,除了用户信息之外,主要就是好友对战的排位赛和题目工厂等产品模块。正是借用了微信小程序的平台,头脑王者才得以在已有用户的基础上迅速获取用户。

(1)好友对战。

主页面的排位赛显示了在线玩家的人数,点击便可与在线玩家 PK,并按照答题的正确率和所需时间的长短来计分。

微信好友可以邀请好友进行 PK 对战,而且可以邀请其他好友进行观战,对战结束后,还可以把成绩发到微信群里进行排位展示。

在完成对战或者达成成就之后,分享到微信群里还可以得到金币奖励。

(2)社交裂变。

如果用户是新手的话,需要参加"排位赛",系统会自动匹配在线用户对战答题,每答对或参与对战,就可以获得积分,达到一定积分就可以主动给朋友发起游戏邀请。

(3)转发分享。

头脑王者微信群转发界面

转发分享的运营活动主要基于小程序的转发功能，很多手机端的App已经借助小程序的转发有效地实现了用户增长，以上文中提到的摩拜单车为例，除了在手机端App进行使用外，转发分享获得免费骑乘天数为摩拜单车获得了20%的拉新率。

而头脑王者则利用了用户的炫耀心理，在将显示自己成绩的小程序界面分享到朋友圈或微信群之后，新用户可以直接进入头脑王者的小程序，已有用户也可以选择与主动转发的用户进行PK。

2.用户运营三大工作

用户运营的工作主要分为三方面：拉新、维稳、刺激。

这三方面的工作以有效用户的增长为最终目的，从拉动新用户加入保持用户稳中有升，最后刺激用户进行消费，从而实现产品创造盈利的目的。

下面以头脑王者在小程序上的用户提升工作为例进行说明。

(1)拉新。

拉新最难的工作首先是用户注册这一步，很多用户都会因为填写烦琐的用户资料而放弃用户注册，现在小程序增加了授权识别用户UID(User Identification的缩写，用户身份证明)，可以获得用户已经填写的个人信息，这就极大地降低了头脑王者的注册难度。这也是 web 1.0 时代和移动互联网时代最大的差别，web 1.0 时代的用户注册大多要求用户填写一系列的个人资料，包括昵称、密码、手机号、出生年月等，借助用户提供的信息进行用户分析；而移动互联网时代则大多只需要用户的手机号和验证码，通过用户在 App 内部的用户行为进行用户分析。

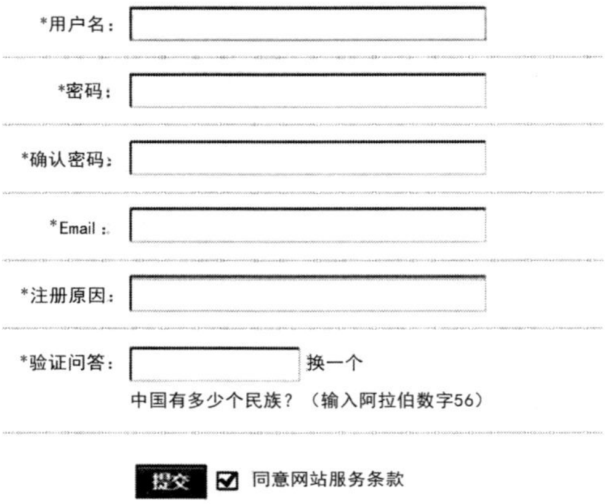

discuz 论坛常用界面

实际上，头脑王者甚至没有要求用户补齐手机号码等用户资料，而只是凭借微信内的用户头像等公开资料进行运营。尽量减少用户注册的步骤，降低用户注册的门槛，从而提高用户注册的成功率。

当然，用户在注册成功之后，也会存在用户流失的情况，所以头脑王者采取“月度”的赛制，每隔一个月，就需要用户重新比赛进行排名。

通过用户不得参与，吸引用户从参加答题到参与出题，不断加强用户对于产品的认知程度。

(2)维稳。

维持用户稳定的使用频率指的是吸引用户从外部进入到产品内部后，通过运营活动来提升用户在产品内部的活跃程度，形成产品内部一个动态平衡的过程。

我们常用 DAU 或者 MAU 等指标来衡量一款产品的活跃用户数，当 DAU 过低时，我们就需要考虑如何通过检测数据变化来制定对应的运营活动了。

在保持用户数量稳定时，常提到魔法数字的概念，其实魔法数字本身并不是什么魔法，它只是一个沉默用户和活跃用户之间的数据指标，在摸清这个指标之后，可以针对不同的用户进行针对性的运营。

Twitter 发现新用户在30天内
关注了30个好友，
就很容易继续在平台上活跃，否则流失的风险就大大增加。

Twitter 的魔法数字

Twitter 发现它的留存用户与流失用户相比，留存用户会在第 1 次使用时多挑选 5～10 个用户关注，那么“5～10”就是 Twitter 的魔法数字。

当 Twitter 的运营人员意识到这个现象之后，在对新用户的引导过程中进一步加强了推荐关注人等操作，让新来的用户非常轻松地关注 5～10 个用户。事实证明，通过对魔法数字的研究，Twitter 的留存率确实得到了提高。

在所有产品中都会存在这样一个或数个魔法数字，在笔者之前帮一家社区做电商转型时，发现客单价 30～50 元的用户活跃度明显高于其他群体，所以“30～50”就是这家社区的魔法数字。在运营人员上架更多客单价在 30～50 元的商品后，原先社区的留存用户也逐渐过渡到电商用户。

这也是在维持用户数量稳定过程中的主要工作：通过分析与用户活跃正相关的用户行为特征，并得出这些行为特征对应的魔法数字，按照这些魔法数字进行进一步的运营测试。

(3)刺激。

在获得了稳定数量的用户之后，最后一步也就是将这些用户转化为付费用户，这也是用户运营中最困难的一步，也是离商业化变现最近的一步。

这部分依然可以分为拉新和维稳两部分。

- 拉新主要是指促使用户在产品内进行消费，例如头脑王者类的答题竞赛产品，可以在用户没有金币的时候进行充值消费，这些手段在游戏化的教育类产品中已经非常普遍。
- 维稳则指让已经有消费行为的用户继续消费。

比如招商银行每年年底都会推出消费积分翻倍的活动，对于已经持有招商信用卡的用户来说，日常消费可以有包括支付宝、微信支付在内的多种支付方式，而招商银行的消费积分翻倍活动让这部分人在面临支付宝、微信支付、掌上银行等多种消费方式的时候，通过运营活动主动刺激他们登录掌上生活 App。

招商银行 10 元风暴活动

从最初卡片时代的线下营销，到移动互联网时代的线上活动，招行信用卡“10 元风暴”“非常系列”等营销活动都是很多用户选择招商银行的原因，这些线上运营活动不仅为用户生活提供便利，而且是刺激用户消费升级的利器。

在 10 元风暴的活动期间，用户可以有 3 种方式领取小招喵兑换各种好礼。

掌上生活：招行信用卡单笔消费10元可领1只（最多68只）。

完成任务：饭票/还款/游戏/无卡支付等方式获取6只小招喵（最多90只）。

点赞集喵：邀请1个点赞可获得1只喵，每位用户只能帮邀请积攒的用户点赞1次（最多42只）。

这三种方式的达成门槛均不算太高，在用户面临不同消费方式的选择时，使用招商银行付款成为一件顺手完成的事情。

通过这种运营方式，让用户重新认识到产品的功能和优势，对产品内容进行二次宣传，形成可持续的消费行为。

用户增长小贴士

用户增长三部曲：拉新——维稳——刺激。

1.2 有用户才能有收入

1.2.1 如何从对手碗里抢用户

互联网世界的主导者不是产品经理或者运营经理，也不是背负各种KPI[3]的大小领导，而是散落于不同产品中的用户。

③ [KPI] Key Performance Indicator的缩写，意为关键绩效指标，是把企业的战略目标分解为可操作的工作目标的工具，可以使部门主管明确部门的主要责任，并以此为基础，明确部门人员的业绩衡量指标。

用户通过不同的应用来满足自己的需求，而产品经理不过是基于用户的需求设计出了一款产品，就算没有微信，也会有 KakaoTalk 和米聊等很多替代产品；而运营经理则是通过各种手段让用户知晓产品的存在并使用，这其中也不乏很多靠用户口碑流行起来的应用。所以产品经理和运营经理都不是互联网必需的。

互联网“大佬”们真正在乎的是市场上的用户，每一天都会有新的用户和新的竞争对手。能抢到更多的用户，就能在激烈的市场竞争中生存下去。

2019 年 4 月，哈啰顺风车为助力“五一”小长假，在 4 月 30 日至 5 月 4 日期间，推出一系列的优惠政策：平台免收服务费；4 月 24 日至 5 月 31 日，车主分享空座每一单可获现金补助。

这是从滴滴顺风车业务下线整改后，顺风车领域内的巨头又一次对用户的公开喊话，虽然很多业内人士认为顺风车没有好的盈利模式，对平台来说基本不赚钱。

但哈啰顺风车在 2019 年 1 月 25 日上线后，运营范围已覆盖 300 多个城市。截至 2019 年 3 月中旬，哈啰顺风车车主注册人数已超 200 万人，总发单量突破 700 万大关，可想而知，即使在滴滴顺风车再次上线运营之后，作为市场后入者的哈啰顺风车也会给它带来不小的压力。

从互联网初期到现在，这种抢用户的现象就一直存在，不管是以内容运营起家的门户网站，还是以社交起家的即时通信工具，都在不断地开疆拓域，并应对新的竞争形态，像滴滴顺风车下线整改这种一着不慎满盘皆输是经常出现的情况。

1. 做内容如何抢用户

曾经有一度，新浪、腾讯、网易和搜狐并称四大门户网站，网民们通过互联网获取资讯的主要入口集中在这四大门户上。

但随着移动互联网时代流量入口的改变，以今日头条等为代表的机器算法资讯分发平台，抢占了内容分发的先机，除此之外，还有微信和新浪微博等平台，原来的门户网站已经丧失了最初的内容主要入口。

门户网站与自媒体平台

自媒体平台处处开花的现象意味着互联网内容生产、分发和用户获取的形式都在发生变化，在新的内容生产模式下，门户网站也需要对以往的内容运营和用户获取的模式进行调整。

以腾讯新闻为例，其在 2015 年上线天天快报产品，并在 2016 年大力推广，通过腾讯新闻导流到天天快报。腾讯新闻负责顶部阅读，负责正版内容和优质内容的引入；天天快报则发动 UGC（用户生成内容）生产内容，借助机器分发获取更多碎片化阅读的用户。目前已经与今日头条、百家号等自媒体平台形成三足鼎立模式，积累了大量的用户。

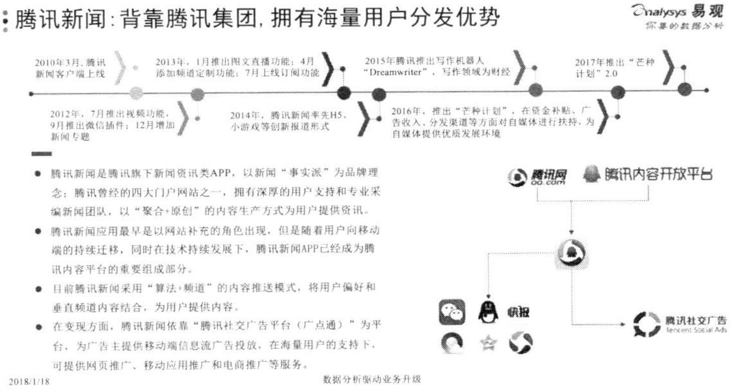

腾讯新闻产品矩阵　　　　（数据来自易观国际）

天天快报的案例只是内容生产模式下如何获取用户的一个缩影：门户新闻需要从频道编辑向自产内容转变，从以前派任务的模式向 IP 化的方向转变，借助大数据推荐和全平台内容实现用户的智能化阅读。以前只有门户网站的编辑才有资格发布网络新闻，现在每个人都是网络新闻的生产者，在任何时间和地点都可以进行信息传播。不管从信息传播的产出速度、传播范围还是参与用户来说，都是传统门户网站所无法企及的。

2. 做平台如何抢用户

平台拉用户的最终节点是落地，即让这个用户在平台上得到价值，并对平台产生价值。怎么能让用户觉得平台有价值，哪怕是用户每天在平台签到得积分换礼物，也是平台价值的一种。

以手机应用分发市场的平台为例，它的核心价值就在于让用户更快地在平台上找到想用的软件。在智能手机刚兴起的时候，除了基础的通话短信功能，大家都不知道去哪里下载软件，所以 91 助手和豌豆荚等手机应用分发平台就成了智能手机必不可少的平台。从手机厂商到第三方应用市场，再到用户下载，91 助手和豌豆荚等帮助用户形成了一套完整的应用下载流程。

而当小米和华为等吃透了移动互联网规律的手机厂商意识到自己完全可以绕开第三方手机应用分发市场，直接让用户在自己的平台上产生价值时，豌豆荚等应用市场的用户价值在无形中就被压缩了。

比如小米手机最开始是做手机 ROM，当它通过定制化系统积累了上亿用户之后，自带的应用市场就完全替代了豌豆荚等应用平台，原先很方便安装的第三方应用市场，反而需要通过手机浏览器或者连接数据线的方式来下载。这就大大压缩了第三方应用平台的用户价值。

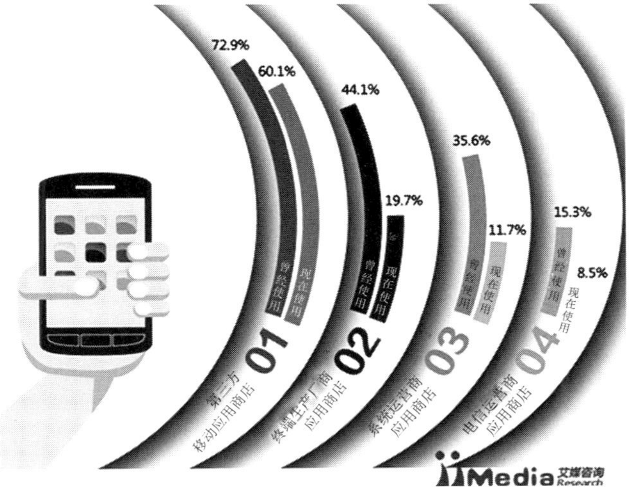

2014 上半年智能手机用户应用商店使用类型（数据来自 iiMedia Research）

通过这种方式，小米等手机硬件厂商兵不血刃地从第三方应用平台中抢夺来了海量的用户，截至 2018 年 11 月，小米应用商店累计分发量突破 1 600 亿，应用首次安装占比超 90%，已成为小米用户最核心的应用获取途径之一。

而与此同时，91 助手等第三方平台纷纷被出售：

2013 年，百度以 19 亿美金的天价收购 91 无线，UC 浏览器以 1 亿美元的价格收购了 PP 助手；

2016 年，阿里以 2 亿美元的价格收购了豌豆荚。

这些平台被收购之后或多或少都陷入了品牌同化或者被雪藏的情况，不复往日盛况。

3. 做社交如何抢用户

提起社交产品，我国的社交软件似乎只剩下了 QQ 和微信，曾经如日中天的微博已经完全没有与微信抗衡的能力。

而作为微博背后的阿里巴巴，在面临微信在移动支付领域的“咄咄逼人”，也曾经试图通过社交产品来打个平手。

但是很遗憾，微信支付的突飞猛进本来就是基于微信本身的社交属性和人际关系网，而阿里巴巴从支付逆推到社交，反而有点本末倒置。

阿里巴巴曾经推出过一款“来往”的社交产品，所有的阿里员工必须拉300人加入来往，连马云也亲自上阵，在来往产品里发布各种动态，甚至拉动人数的多少直接与年终奖挂钩。在这样的运营刺激之下，来往的用户数很快突破了1 000万。

一般来说，一款产品的活跃用户突破千万级，应当算是摸到了成功的门槛，但是来往的这个1 000万却有点名不副实。阿里有5万员工，还有10万离职员工，每个员工拉入300人确实可以很快超过1 000万，但是这1 000万用户在给当年KPI添上浓墨重彩的一笔之后，又迅速陷入了沉寂。

既然从0到1开始做产品不好使，那么从支付宝的巨无霸体系中分一杯羹，应该更轻松一点，毕竟支付宝才是整个阿里巴巴集团的主力产品。从2015年发布9.0版本推出“生活圈”，再到2016年8月推出9.9版本把“生活圈”从二级入口提到首页“生活动态”，支付宝承担起了整个阿里巴巴集团在尝试社交化产品方向的重任。

这个产品逻辑本来没有错，一旦支付宝的朋友聊天功能在一定程度上取代微信的功能，不但打破微信在社交产品上的垄断地位，还可以结合本身无孔不入的支付功能，狙击微信支付在线下支付场景的不断侵蚀。

但是很可惜，一直到2017年支付宝决定放弃社交，回归金融与商业，在社交化产品方向上所取得的进展都非常之小。

问题出在哪里？

微信和支付宝在社交场景下，对于用户的定义是完全不同的：

对于用户来说，微信就是社交聊天的代名词，不管是微信群、公众号、漂流瓶、朋友圈，所有的产品形态都是用户和用户之间的对话，朋友圈里需要用户之间互相回复和点赞，公众号文章需要用户转发和赞赏，所以在用户的观念里，微信是一款根深蒂固的社交产品。

而支付宝对于用户的定义就是支付工具，不管是余额宝、二维码、好友转账、生活缴费，所有的产品形态都是收钱和付钱的交流。余额宝是用户将资金交给了基金公司，二维码是用户将资金交给了线下商家。就算是带有一定社交属性的蚂蚁森林和蚂蚁庄园，也都是以支付行为为底层数据的。

对于用户和商家而言，要不要在支付行为之中产生互动，根本不是需要解决的关键问题，想让用户把支付宝当微信用，就像腾讯想让用户把财付通当支付宝用一样，不是核心的产品诉求，也不符合整个产品的核心利益。

不管是门户网站和今日头条等内容型产品，小米商店和豌豆荚等平台型产品，还是微信和陌陌等社交类产品，商业变现的第一步都是追逐用户数量，谁拥有的用户数量多，谁的使用场景就更加符合用户需求；谁的用户获取成本更低，谁的商业价值和用户价值就更高，谁就能在挑剔的用户面前生存下来。

可以看到的一点是，线上的各个用户获取入口已经被BAT等互联网巨头牢牢把持，线下的用户获取入口也在被京东、天猫等传统电商步步蚕食，在人工智能的风口真正到来之时，用户获取的成本还会保持相对较高的水平，在每个领域的细分领域都存在数量不等的竞争对手，如何从对手碗里抢用户，也成为运营人员的必修课。

用户增长小贴士

定义用户，从你的对手碗里分一杯羹。

1.2.2 海量用户催生的规模经济

随着互联网和全民双创的不断发展，商业价值已经成为所有人都能侃上两句的问题，“互联网＋”“O2O”“活跃用户”“消费频次”这些关键词成为创业者和投资人信手拈来的名词。

那么，如何评价一个互联网产品是否有商业价值呢？

简而言之，产品的商业价值直接体现在能取得多少收入。

互联网产品商业价值＝用户数×产品价格×消费频率

所以商业价值跟产品用户数、产品价格和产品使用频率密切相关。

其中，在产品价格和消费频率相对固定的前提下，用户数量的多寡直接决定了一款产品的商业价值，或者说，商业价值最高的互联网公司一定有最高的用户覆盖率。

2017 年 11 月，小米科技 CEO 雷军与投行进行 IPO 事宜的接触，并同步了 2 000 亿美元的目标，这一目标受到了投行的认可。截至 2017 年 12 月，小米 MIUI 全球联网激活用户数已经突破了 3 亿，成为当之无愧的巨无霸公司。

2018 年 7 月，小米集团在香港证券交易所正式挂牌上市，以开盘价计算，小米集团市值达到 473.26 亿美元。

2018 年，中国智能手机用户数量达到 13 亿，这么大的用户数量是任何一家手机厂商都梦寐以求的。

再往回看几年，在智能手机刚开始普及的时候，质量上乘的苹果三星往往价格昂贵，价格低廉的“中华酷联”质量品控又跟不上，所以当小米以性价比为亮点进军智能手机市场后，迅速满足了这部分人的刚性需求。

去掉线下商场等中间渠道商，去掉明星代言费，去掉传统广告投放费用，通过这些手段 ，小米将削减的成本补贴到用户身上。当一部手机比竞品便宜 300～500 元时，小米手机成为“性价比”的代名词。以 2018 年为例，当年 10 月 26 日，小米手机出货量就正式突破一亿台，作为手机行业的后起之秀，这个成绩已经证明了小米运营策略的正确。

2018 年小米手机出货量　　　（图片来自雷军微博）

小米选择“性价比”的出发点，其实并不是赚钱，甚至它的追随者乐视手机，在发布会上直接晒手机制造成本，每部手机反而亏损了 200～300 元，小米之所以这么做，是为了在移动互联网时代尽快获取更多的用户。

随着互联网对日常工作生活增益效果的增加，以前几十万用户养活一家公司的现象可能将不复存在，一款产品要在互联网市场生存下来，就需要千万级甚至更高的用户量，才能维持一个相对稳定的互联网商业模式。

1. 用户属性

在具备用户体量之后，用户的具体属性，如职业年龄等与付费能力相关的属性决定了一款产品是否能产生足够的商业价值。

比如小米在初期和现在获取用户的策略也会完全不同，小米初期的用户群以手机发烧友为主，这部分用户会折腾手机系统，对于商业化广告的容忍度基本为零，这个时候小米如果隔三岔五地在通知栏推送广告，估计很快这批种子用户就会流失殆尽。

小米手机通知栏消息

但是当小米的用户群扩大到更大的群体时，一部分用户就可以忍耐小米推送的消息和广告了，这时候你会发现小米手机通知栏里也充斥着各种广告，并不是小米“忘了初心”，这只是小米基于不同阶段的用户发展和商业化进程所制定的策略。

2. 产品属性

具备了海量用户之后，并不意味着一款产品的运营工作已经完成，用户增长的最终目的是成功取得盈利。

不同的产品属性可以带来的规模经济效益也不尽相同。比如都是做智能手机，美图手机主要针对女性用户进行了定制化的开发，包括美图秀秀、美颜相机、潮自拍、美拍等，因为女性用户使用美图秀秀、美颜相机等产品的频率更高，所以美图手机可以借助硬件上的影响力，延伸出更多品牌广告的形式，比如在美颜相机中推出品牌主题滤镜，在美妆相机中提供品牌化妆品虚拟试用等，从而承载了更多用户变现的可能性。

黑鲨游戏手机官方微博截图

而黑鲨等游戏手机则选取了游戏玩家这个群体，通过与Gameloft、网易游戏、MUMI等游戏厂商进行单独的游戏适配，建设起一个完整的游戏生态，让“游戏”成为黑鲨手机独一无二的产品属性。

2019年4月28日，黑鲨游戏手机2在小米商城、黑鲨官网、京东商城、小米有品等平台正式开卖，黑鲨游戏手机2搭载Magic Press技术，号称是“次世代手游操控革命”，它能感应手指按压屏幕的不同力度来实现三维触控功能，在游戏中复杂的操作只需两指就可一气呵成，屏幕左、右两侧压感可分别进行独立按键映射，支持压力阈值、触控范围自定义调节。黑鲨游戏手机2的这些产品属性让苦于游戏体验不够的玩家得到了极大的满足感。

一款互联网产品的价值，长期以其获取的盈利为衡量标准，短期以其获取的用户数量为衡量标准。用户属性和产品属性决定了一款产品可以在海量用户的基础上获得怎样的收入。仍以小米手机为例，具体如下。

(1)广告。

广告是互联网业内最常见的盈利模式，在海量用户的基础上，小米手机在产品内部的各个模块，包括浏览器、应用商店、资讯中心等处均有广告的入口，将联网的3亿用户卖给广告主，这将是一笔巨额的收入。

(2)会员。

会员模式最早出现在QQ等社交软件中，近年也常出现在视频软件和游戏软件中。2017年12月，小米官方正式宣布小米会员开启限量内测，每月9.9元(原价219元)，可享受22套专属主题、5GB云服务空间、100元有品福袋、1 000书币(多看阅读)，包年则能得到37套专属主题、10GB云服务空间、150元/月优品福袋、1 200书币/月，而这些服务对于小米来说，在技术上的开发成本很低，即使在3亿用户中有千分之一乃至万分之一的用户选择开通会员，那也是规模经济的一次巨大胜利。

小米会员

(3)电商。

在小米手机的联网用户成功突破3亿之后，小米旗下的电视、路由器乃至净化器都在此基础上获得了大幅度的用户增长。以小米路由器为例，截至2019年第一季度，已经有8款小米路由器累计销量超过百万，成功占据国内智能家庭设备的一席之地。

因此，要让一款互联网产品在竞争激烈的市场中存活下来，首先要做的事情就是抢用户，以更好的产品实现用户增长，再实现海量用户基础上的规模经济。

下一节，我们会根据不同的互联网产品形态来探讨如何从这些用户身上获取用户价值。

用户增长小贴士

只有依靠规模经济实现规模收益递增，才会有更强大的动力去市场上争抢用户。

1.2.3 互联网巨头如何获取用户价值

在互联网行业中，最常见的一个困境就是：有用户，没收入。

这种情况就很尴尬了，老板是肯定不会允许这种情况发生的，所以有了用户之后，下一步就是要从这些用户身上“攫取”价值，或者说取得企业盈利。

不管是BAT这些大型公司，还是近年来不断涌现的独角兽创业公司，它们都有自己独特的一套，可以让用户心甘情愿地把钱掏出来，那么我们来看看BAT这些互联网巨头都是如何从用户身上赚钱的。

1. 腾讯

(1)用户方面:

据《2018微信年度数据报告》显示,2018年,微信每个月有10.82亿用户保持活跃,每天有450亿次信息发送出去,每天有4.1亿音视频呼叫成功。从用户总数来看,腾讯还是稳坐整个中国互联网公司的头把交椅。从最开始的社交产品(QQ、微信、QQ空间等)起家,现在腾讯已经涵盖了社交、金融、娱乐、资讯、工具、平台和人工智能七个方面的业务内容。

(2)收入方面:

截至2018年第四季度,腾讯总收入848.96亿元,同比增长28%,其中网络游戏营收占总营收的比重有一定下跌,而云和支付业务成为腾讯增长最快的两个业务。

腾讯整体收入四大驱动力

2018年全年,腾讯游戏业务营收为1 284亿元,占总营收的比重为41%,与巅峰时期的超五成比例相比,游戏业务营收已经在减少。

网络广告主要包括社交及其他广告和媒体广告,2018年度营收581亿元,同比增长44%,第四季度营收170亿元,同比增长38%。

而增长最快的支付业务,同比增长逾一倍,2018年第四季,月活跃商户同比增长逾80%,整个年度的日均总支付交易量超过10亿次。

在面临游戏业务营收下滑的境况时,腾讯又是如何通过更多用户场景获取收入的呢?我们可以从腾讯金融服务的推广来看一下。

截至2019年4月，腾讯乘车码已在全国110多座城市落地，覆盖BRT、公交、地铁、轮渡、索道等多元化交通场景，拥有超7 000万名用户。作为近年来推广力度最大的业务，从技术投入到营销推广，腾讯都投入了大量的人力物力。

而最大的受益者之一，则是其背后的支付业务。

从最新的官网信息来看，除了2C的理财（腾讯理财通、腾讯微黄金）、支付（微信支付、QQ钱包、财付通）、证券（腾讯微证券）、创新业务（一生保、腾讯征信、腾讯金融云、腾讯区块链、微信信用卡还款）四大类外，腾讯的金融科技还包括了偏2B的金融生态和金融安全业务线。

凭借着流量和用户场景的优势，腾讯的金融产品服务也在近年内收获了不少市场份额和收益。

相对于百度一直没有建立起来的用户体系，以及阿里在电商社交路上的转型，腾讯从一开始就建立起了跟用户最紧密的关系，类似乘车码之类的业务与腾讯支付更像是相辅相成的关系，用户有了腾讯支付才可以使用乘车码，而拓展乘车码，又可以让用户离不开腾讯支付，在用户黏性的不断提高中，用户的价值也得到了充分的挖掘。

2. 阿里巴巴

据2019财年第三季度业绩显示，阿里巴巴集团收入同比增长41%，达1 172.78亿元，其中淘宝移动月度活跃用户达到6.99亿，较2018年9月增加3 300万，当季淘宝年度活跃消费者达6.36亿，较截至2018年9月30日的12个月大幅增加3 500万。

（1）收入方面：

从上面的数据可以看出，阿里的收入来源主要还是电商方面，有高达8亿的支付宝活跃用户做支撑，阿里巴巴有充足的底气在其他场景展开业务。现在阿里巴巴的业务范围已经从电商扩张到了新零售、新技术、云计算、物流、数字娱乐和本地生活服务等多个领域。

阿里巴巴四大业务板块

板块	内容
核心电商业务	国内零售：淘宝、天猫、农村淘宝、阿里妈妈
	国内批发：1688、国内批发平台
	国际零售：速卖通、Lazada
	国际批发：阿里国际、国际批发平台
云计算业务	阿里云
数字媒体和娱乐业务	优酷土豆、虾米音乐、阿里体育、家庭娱乐
创新业务及其他	钉钉办公、高德地图

以新零售为例，阿里已经完成了“人、货、场”的重构和升级，除了入股高鑫零售、居然之家、华联超市等传统的大型超市之外，还做了线下的盒马鲜生，虽然不具备腾讯一样的社交关系图，但是阿里是真正把用户当作消费者来对待，消费者需要什么样的“消费”，它就推出什么样的业务。

阿里巴巴横纵向业务成长

(2)用户方面：

从2019年第三季度的财报来看，核心电商业务是阿里的主要收入来源，数字媒体娱乐业务等其他业务也出现了较大幅度的增长。

而从核心电商业务来看，其收入主要来自广告营销服务和交易佣金。

阿里巴巴收费模式

<table>
<tr><th>平台</th><th colspan="2">收费项目</th><th>收费模式</th></tr>
<tr><td rowspan="6">国内零售</td><td rowspan="4">广告收入</td><td>淘宝直通车</td><td>淘宝搜索页的竞价排名，按 CPC[4] 计费</td></tr>
<tr><td>广告展示费</td><td>按照固定价格或竞价 CPM[5] 收取广告展示费用</td></tr>
<tr><td>淘宝客项目</td><td>按照交易额的一定比例向卖家收取佣金</td></tr>
<tr><td>聚划算位置费</td><td>按照促销页面费用向聚划算卖家收取费用</td></tr>
<tr><td colspan="2">交易佣金</td><td>按照支付宝交易额的一定比例向天猫/聚划算卖家收取费用</td></tr>
<tr><td colspan="2">旺铺费用</td><td>按照旺铺软件使用按月向卖家收取固定费用</td></tr>
<tr><td rowspan="2">国内批发</td><td colspan="2">会员和增值服务费</td><td>按照诚信通会员年费 6 688 元/年收取，并向会员提供品牌建设、引流和认证等服务</td></tr>
<tr><td colspan="2">广告费用</td><td>广告费用</td></tr>
<tr><td rowspan="3">国际零售</td><td colspan="2">交易佣金</td><td>按照交易额的一定比例（5%～8%）收取佣金</td></tr>
<tr><td colspan="2">广告费用</td><td>第三方联盟营销广告费用</td></tr>
<tr><td colspan="2">商品销售收入</td><td>Lazada 平台的自营商品销售收入</td></tr>
<tr><td rowspan="3">国际批发</td><td colspan="2">会员和广告费用</td><td>Gold Suppier 会员年费</td></tr>
<tr><td colspan="2">广告费用</td><td>广告费用</td></tr>
<tr><td colspan="2">增值服务费</td><td>提供进出口服务（如清关、退税）等，并收取相应费用</td></tr>
</table>

广告营销服务。当卖家在淘宝或者天猫上开设店铺并使用阿里提供的营销广告时，阿里会向卖家收取广告费用，这部分费用大概占到阿里核心电商业务收入的七成。

交易佣金。根据卖家在淘宝和天猫上的交易额，阿里会向卖家收取不定比例的佣金，这部分费用大概占到阿里核心电商业务收入的三成。

---

④ [CPC] Cost Per Click 的英文缩写，意思是每次点击付费广告，当用户点击某个网站上的 CPC 广告后，这个站的站长就会获得相应的收入。

⑤ [CPM] Cost Per Mille 的英文缩写，又称每千人成本，比如一个广告的单价是 1 元/CPM，意味着每一千个人次看到广告，就要收取广告主 1 元的费用。

3. 小米

(1)用户方面:

据小米公司2018全年财报显示,MIUI[⑥]的月活跃用户由2017年12月的1.71亿人,增长至2018年12月的2.42亿人,同比增长41.7%,期内总营收1 749亿元人民币,同比增长52.6%。

(2)收入方面:

小米的收入来源主要是硬件(智能手机+IoT[⑦]和生活消费品)和互联网服务。其中,智能手机业务仍是小米营收的主要来源,占比65.06%;IoT与生活消费产品,占比提升至25.05%;互联网服务占比微升至9.12%。硬件营收占比超90%,相对于腾讯、阿里巴巴等老牌互联网公司,小米仍然是一家以硬件为主的公司。

相比手机业务,小米集团的互联网业务虽营收占比小,但毛利率最高。所以想要获取更高的毛利率,小米商业模式的核心是通过硬件引流,然后利用互联网服务获取收入。

如果从这方面来说,小米公司并不能完全算作一家互联网公司,它的商业模式对硬件的销售还保持着很重的依赖,但只要有足够多的用户量,互联网服务的占比就会逐步上升,从而在互联网服务贡献占比方面追上BAT等一线互联网公司。

通过以上三家公司的例子,我们可以看出互联网行业获取用户价值的一些特征:

---

⑥ [MIUI]是小米公司旗下基于Android系统深度优化、定制、开发的第三方手机操作系统。

⑦ [IoT]全称Internet of Things,指物物相连的互联网,它通过智能感知、识别技术与普适计算等通信感知技术,广泛应用于网络的融合中,因此被称为继计算机、互联网之后世界信息产业发展的第三次浪潮。

(1)互联网行业多是多次消费品，包括服务类商品和平台类商品。

(2)互联网行业多通过规模经济取得收入，用户是取得规模经济的第一步，有了用户不一定有收入，但没有用户一定没有收入。

具体到单个产品上，我们可以拿在线音乐 App 举例，以普通用户的视角来看，使用音乐类 App 基本是不用付费的，但实际上，在你看不到的地方，已经有大量的互联网用户为了听歌而定期付费。

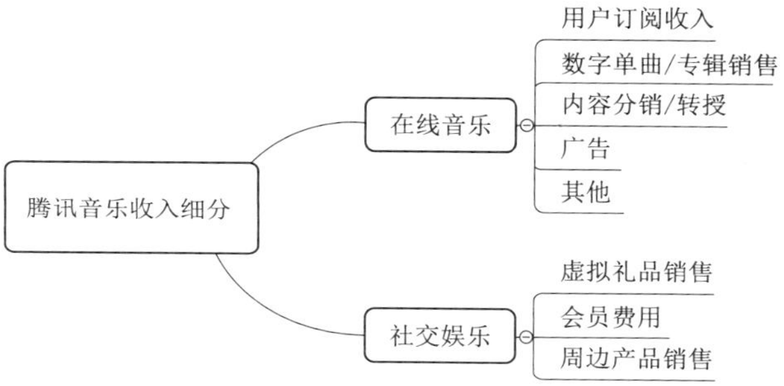

腾讯音乐收入细分

截至 2018 年第四季度，腾讯在线音乐付费用户增长至 2 700 万人，同比增长 39.2%，用户在使用 QQ 音乐、酷我音乐和酷狗音乐的过程中，每月 ARPPU 即付费用户每月平均收入为 8.6 元，相当于每位付费用户平均每个月在 QQ 音乐、酷我音乐或者酷狗音乐上花费了 8.6 元，接近于 QQ 音乐每月 8 元的付费音乐包价格。

其中一方面，在线音乐服务的收入主要包括：

(1)付费音乐包订阅；

(2)将音乐内容版权转售给第三方平台；

(3)数字音乐单曲和专辑销售。其中，付费音乐包的收入为人民币占比将近一半。

简单地来说，由于在线音乐的内容发布、传播和孵化完全在互联网上进行，大概有 2 700 万的用户愿意主动参与到这个过程中并且为之付费。

上面互联网巨头如何从用户身上赚钱，关键主要包括以下三点：

(1)产品质量。产品是用户运营和商业模式的基础，没有好的产品，用户运营只能算作骗局。

(2)商业模式。如何让产品被更多用户所接受，又如何从用户身上获得收入，是产品运营之前就要想明白的事情。

(3)运营手段。运营其实是商业模式的具体执行手段，如何获取更多的用户和收入，这也是本书所要解决的主要问题。

用户增长小贴士

选择正确的细分领域，创造产品价值，获取用户价值。

1.3 怎样才算增长用户

1.3.1 虚假的繁荣没有任何意义

什么是虚假的繁荣？这个事情是一件见仁见智的事情。先来给大家还原一个常见的场景：

当你每天早上打开电脑，在你敲下第一个字之前，桌面首先会弹出的是各种电脑助手的弹窗提示："你的电脑开机速度打败了全中国1%的用户"，"你的电脑有10项可以优化"，所有这些提示都会在桌面上停留相当长的时间，如果你不去主动点关闭的话，可能它会一直在桌面展示。

那么如果你主动点击的话，对于这款产品而言有什么作用呢？

以360安全卫士为例，作为国内领先的PC安全软件和手机安全软件，截至2018年，360 PC端安全产品的市场渗透率达到96.54%，平均月活达到5.12亿。在这5.12亿用户中，有多少用户只是选择了点击关闭弹窗提醒呢？这是个需要产品运营人员深入思考的问题。

对于产品来说，排名是常见的运营手段，这件事情从互联网诞生之初就成为大家屡试不爽的方法，当你拼命摇晃手机让微信运动的步数增加，或者按时起床收取蚂蚁森林的绿色能量，这些看起来有点傻的事情，都是因为虚拟世界中的排名始终在激励你的行为。

对于用户而言，这次点击是毫无意义的。从这个层面来说，除非是点击“优化电脑”进入产品的相关模块，除此之外的其他操作都不应该计入活跃用户的数量。

目前尚不知道这些电脑助手是否会把这样的点击计入一次活跃用户的行为，但是国内有一些手机App经常会在开屏阶段套路用户，当用户打开App看到开屏图片后，如果不感兴趣会选择右上角的“跳过”，有的App就在这一步动了心思，点击“跳过”之后没有成功跳过，而是去了目标页，这就肯定算作一次有效点击了。

类似这样的运营手段，最后可能在用户数据上比较好看，但对实际的产品是没有太大帮助的，甚至可能会因为这些小手段造成用户流失。

在如何定义“活跃用户”上，腾讯的做法还是相对比较厚道的：从2013年Q4起，微信的活跃用户指有关日期前的最后一个自然月内至少一次透过微信/WeChat发出一条或以上信息，或在微信/WeChat进行其他主动操作（如登录游戏中心或更新朋友圈）的用户账户总数。

也就是说，在上一个月里，只有通过微信发出至少一条消息，或者有过发朋友圈等动作，才算是活跃用户，而如果仅仅是登录微信，什么都没有操作，那么抱歉，这并没有计入微信的活跃用户数。

这样的统计数据才算是真正的活跃用户，而不是为了完成 KPI 而粉饰出来的虚荣指标。

虚荣指标和明确指标主要有以下区别：

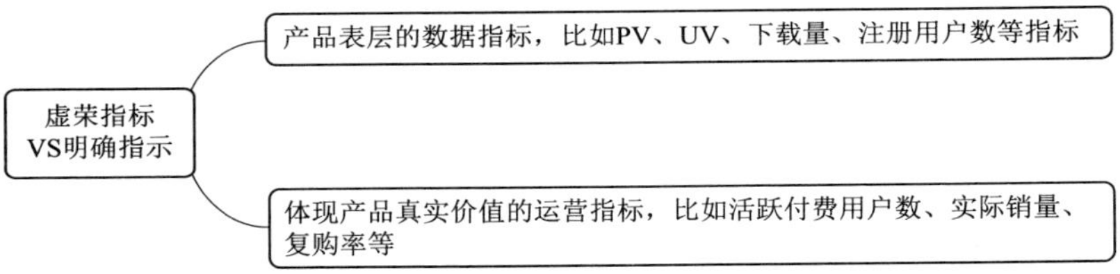

虚荣指标 VS 明确指标

虚荣指标。很多是产品表层的一些数据指标，往往比较大而泛，比如 PV、UV、下载量、注册用户数等指标，虽然看起来很美好，但与核心的盈利没有直接关系。

明确指标。可以体现产品真实价值的运营指标，比如活跃付费用户数、实际销量、复购率等指标，明确指标可能在数字上与虚荣指标有一定差距，但是它可以体现出这个阶段用户运营的成果。

Looker 是一家成立于 2011 年的数据分析公司，主要利用人工智能方式进行大数据收集与分析，Looker 的创始人兼 CTO Lloyd Tabb 曾经讲过这样一个案例：

为了提高平台的日活用户数，一个招聘平台通过用户注册后给其 Facebook 好友发电子邮件，这种病毒式传播在短期之内获得了非常明显的成果，在整个公司的大力推动下，凭借 3 300 万用户吸引到了 4 900 万美元的融资。

但专注于注册用户数的产品导向也让这家招聘平台很快又进入了衰退期。

在互联网的世界里，达成注册用户数这一项虚荣指标可能比较容易，但平台的留存率却非常低，虽然每天都有大量的注册用户，但这些用户注册后可能根本没有使用过产品，也没有为平台的盈利发挥作用，可能会给投资人一个光鲜亮丽的表象，但很多时候会昙花一现。

那么，一款产品的运营过程中，哪些指标才是明确指标？哪些指标是虚荣指标呢？这两者并非完全对立的。不同的产品，在不同的阶段，所需要关心的明确数据有所不同。

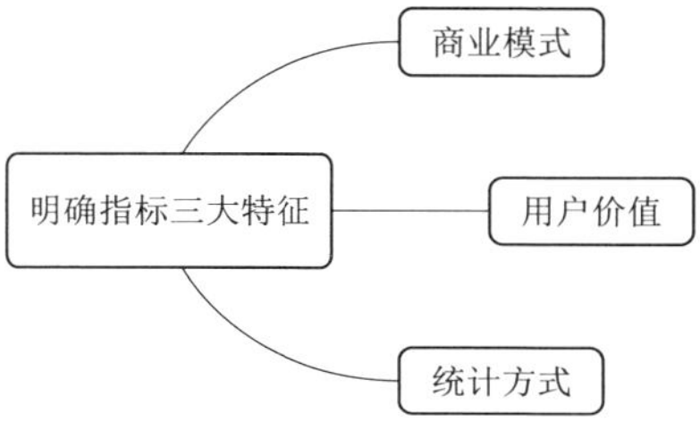

明确指标的三个特征

(1)指标的选择必须与商业模式的核心目标相契合，且不同时期关注的指标是不一样的。

对于不同的商业模式，所对应的明确指标也有所不同，在同一产品的不同生命周期，明确指标也不尽相同。

以在线视频为例，其主要收入来自广告收入和会员收入。

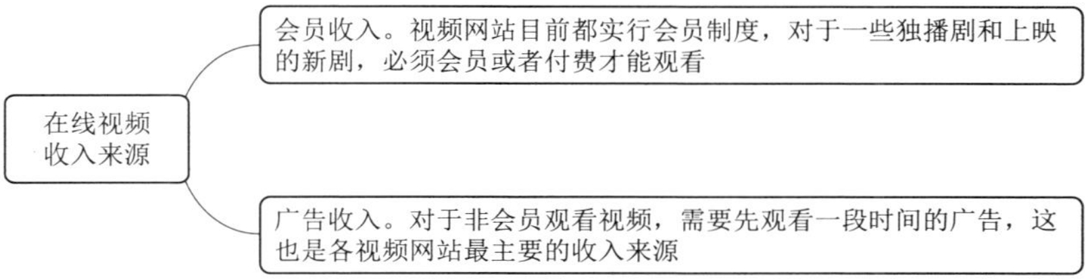

在线视频产品主要收入来源

在各大视频网站没有退出会员增值服务之前，其收入的主要来源是广告，搜狐视频播放前的广告大概为 75 秒，爱奇艺热播剧前的广告为 80 秒，如此之长的时间让广告商有足够的露出时间。

在这个阶段，明确指标就是广告商在视频网站的播出时长和投放次数，这两个指标关系到在线视频产品的核心收入。

但是随着更多优质视频的产出，会员收入开始在收入中占据更大的比例。以爱奇艺为例，截至2018年12月31日，爱奇艺会员规模达8 740万，同比增长72%，全年共计新增3 660万会员用户，创造了全球流媒体会员年度净增最高纪录。第四季度，爱奇艺的会员服务收入为32亿元人民币（约合4.656亿美元），同比增长76%。

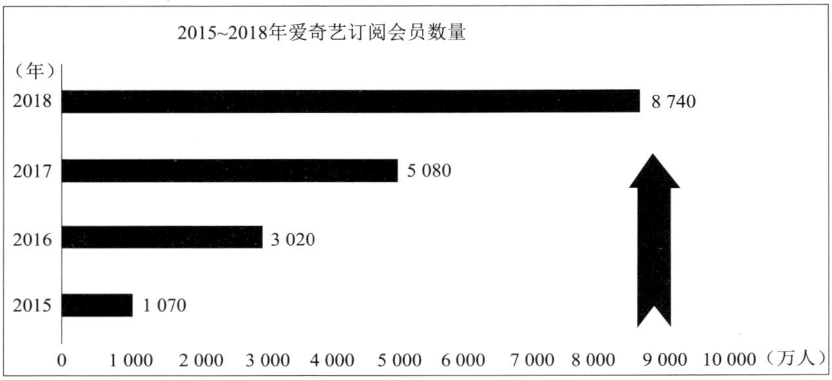

爱奇艺订阅会员数量

这个阶段的明确指标则是会员服务收入，为了这部分收入的持续增长，爱奇艺在内容运营和产出上都做了很多尝试，比如在综艺方面就推出了《热血街舞团》《中国新说唱》《奇葩说》《偶像练习生》等多档节目。

（2）指标的选择必须符合用户的核心价值，尤其是明确指标中的用户。

在上文Lloyd Tabb讲的案例中，使用给用户的Facebook好友发电子邮件的病毒式传播确实可以在短期之内取得效果，但是不管对已经注册的用户，还是尚未注册的用户，都是一种未经允许的打扰，长此以往，新用户的注册成功率肯定会逐步下降。

这种现象在国内互联网公司也很常见，为了完成公司制定的KPI，而采取各种手段提高明确指标，但却忘了考虑用户的核心价值。

比如在线视频的会员服务，除了观看专属资源之外，还有一部分需求是跳过广告。但现在很多在线视频除了片头片尾的广告外，在视频播放中途还会有一些创意广告，所谓创意广告就是表面看起来跟剧情相关，毫无违和感，但是内容却是广告内容。

从《武林外传》起，这种创意广告就广泛存在，刚开始看还觉得挺有新意，但时间久了，就会让部分用户反感——开了会员还必须看广告，那还开会员干吗?!

(3)指标的统计方式必须科学有效，避免因统计方式的不恰当造成决策失误。

这一点看起来很简单，做起来实际上是很难的，一个孤立的数据指标无法反映出产品的核心能力。

在很多产品上线的第一时间，除了埋点导致的统计问题之外，还有一些是“人为”的统计问题，譬如只关心新用户注册数而不关心用户活跃数，只关心订单数量而不关心实际盈余，这些“人为”统计出来的数据可能会在汇报中显得比较好看，但充其量只能是饮鸩止渴。

用户增长小贴士

虚荣指标只会让产品运营人员沉醉于自己营造出来的假象，而不会去思考问题出在哪里。

1.3.2 活跃用户运营四步骤

从上一节的内容中可以看出，用户总数可以从某个层面反映产品的优劣，但一款产品的好坏，主要还是看活跃用户的多少，或者说真正在产品中投入时间或金钱的用户。

所谓的“用户运营”就是从全部用户中找出来那部分可以给网站贡献时间和金钱的用户，这个时候就涉及一个新的名词——转化率。

转化率是运营模型中非常重要的一个指标，即使来源量很多，如果转化率不高，运营也是失效的，因为能够转化为产品真正有效的用户少。所以，转化率是产品运营核心的指标，决定着产品运营效率。

一般意义的转化率指用户点击产品到成为一个有效激活或者注册甚至付费用户的转化率，即

转化率＝有效用户÷所有用户(来源量)×100%。

我们来举一个非常简单的例子来解释一下什么叫作转化率。比如每天有100个人打开京东App，但其中有10个人在京东上购买商品，那么转化率就是10%。

从用户打开京东App到下单的整个过程中，我们可以看看一共分为几个步骤：

用户打开京东App——所有用户。

用户在首页或专题中选择产品——选择时间。

用户浏览商品详情页——决策时间。

用户根据商品促销或优惠完成下单——有效用户。

那我们来看一下在这几个要点里，分别可以通过怎么样的手段获取更多的活跃用户。

1. 第一步：所有用户

所有用户是活跃用户的基础手机上安装的你的App的用户可能很多，但并非这些人都是你的用户，要运营一款产品，就要在合适的产品使用场景唤醒用户，所谓合适的产品场景就是合适的时间地点。

下班的时候，美团等外卖App向你推送附近的外卖优惠和好评餐厅；换

季的时候，淘宝等电商 App 向你推送换季的衣物和鞋帽配件；旅游的时候，各种 App 都基于地理位置向你推送当地好吃的好玩的；或者在线下行业产品人流高峰期进行广告展位的露出。这些都是在合适的用户场景让更多的用户可以接触到产品，才能继续转化为活跃用户。

2. 第二步：选择时间

用户在首页或专题中选择产品的时间即选择时间。一个好的营销方式可以大大缩短用户选择目标产品的时间。

这里要引入的一个概念，视觉营销（Visual merchandising），它指通过视觉达到产品营销或品牌推广的目的。打开一个新的网页或者 App 之后，我们的视线会首先聚焦在视线焦点（eye－catcher）上，所以要尽可能地让目标产品出现在这些视觉焦点上。

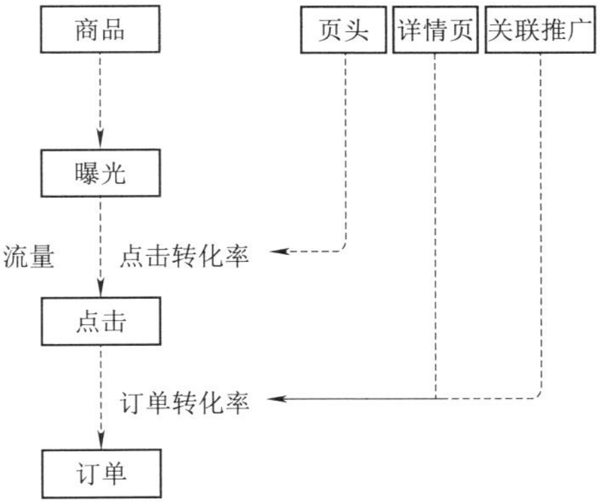

视觉营销位置说明

以淘宝购物的流程为例，一般来说，用户在登录淘宝网之后的使用流程是这样的：产品进入视线——用户选择产品——产生购买欲望——下单完成购买。

在这个过程中，淘宝网和淘宝卖家都借助了视觉营销的原理进行了对用户视线和心理的把控。

淘宝网关键词“电脑”搜索结果页

上图是在淘宝上搜索“电脑”出来的产品列表页，可以看到，搜索列表页上有大量的商品，但是用户在有限时间内的关注度是有限的，所以会自动过滤很多商品。要在这一步留住用户，就是要在大量的商品中抓住用户视线，减少用户选择你商品的时间，从而在最短时间内促使用户完成下单动作。

位置效应、差异效应和边框效应就是运营人员常用的视觉营销手段。

位置效应：正常人浏览页面的习惯是左右移动优先于上下移动，所以在网页和 App 中出现同规格图片平行排列的情况时，大部分人会优先选择浏览横向的第一排商品，而不是纵向的第一列商品。

差异效应：在页面某一部分明显区别于其他部分的时候，人们会不断地把视线集中在这里，来回浏览。

边框效应：醒目的边框有着重大的作用。

3. 第三步：决策时间

在用户的购物行为中，决策买还是不买的时间就是“决策时间”。如果决策时间太长，用户的情绪很可能会陷入一种焦虑或者不感兴趣的状态，最后会放弃购买行为。

对于产品来说，降低用户的决策时间，会大大增加商品的成交率，那么，如何降低用户的决策时间呢？

(1)信息聚焦。

随着用户在日常生活中接触越来越多的碎片化信息，大家已经没有耐心去阅读一段长篇大论，所以需要在尽可能短的时间内抓住用户的关注。

2018 年 3 月，抖音更换了新的 slogan“记录美好生活”，这个定位与其之前的“年轻时尚的短视频社区”相比清晰了很多，这短短的六个字将用户群体从炫酷一族的年轻人扩大到了所有网络的“原住民”，不管是不是喜欢唱歌跳舞跑酷的年轻人，还是希望用抖音记录生活有趣话题的网民，抖音的这句 slogan 都让他们感到来者不拒。

抖音 slogan

所以在接触用户的第一时间，只需要将最核心关键的信息传递给用户就可以，比如对于使用手机时间较长的用户，OPPO 手机“充电五分钟，通话两小时”的广告词绝对让用户的决策时间大大降低。

(2)饥饿营销。

所谓“饥饿营销”是指卖方为了自己占有主动权，人为地造成产品短缺的假象，刺激消费者的购买欲望，以此调控供求关系，来维持商品较高售价和利润率的目的。

人为制造短缺的假象，其目的无非就是利用物以稀为贵的价值规律，激发消费者强烈的购买欲望。

虽然小米的饥饿营销更加广为人知，但早在 iPhone4S 内地发售的时候，因为排队购买人数过多引发冲突，苹果公司在发售当天突然宣布在京沪两地的零售店暂停销售 iPhone4S，这大概是最早的饥饿营销了。

这种人为之中的短缺刺激在电商运营中已经成为常用套路，比如在下图的“京东秒杀”中，对比第一个售出 43%的商品和第四个售出 93%的商品，很明显最后一个更容易让用户产生购买行为。

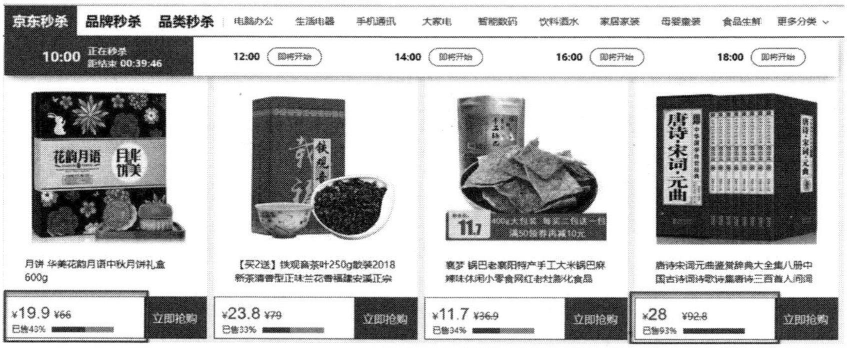

京东秒杀页面

(3)从众心理。

从众心理在互联网中已经成为一种常见现象，当各种修图软件成为女性手机常用 App 后，很多女性网友都会下载各种修图软件进行使用；当抖音等短视频应用中推荐各种商品时，淘宝上也会马上出来各种抖音同款，从这个角度来说，互联网中快速交流的资讯大大降低了用户完成决策所需要准备的背景知识。

下图是在旅行网站 booking.com 上的订房页面，可以看到西姆斯大酒店和雷加利亚酒店的评论数量基本一致，但评分前者不如后者，很奇怪的一点是，西姆斯大酒店的浏览量竟然比后者要多，其中一个原因就是页面上提示了“过去的 24 小时内已有 72 人预定”。在进行决策时，用户会综合考虑和参考其他用户的决策结果。

booking 订房页面

4. 第四步：打折促销

提高用户活跃的最后一步就是促销活动，当用户完成决策之后，促销活动可以大大降低他们后悔或者再次犹豫的概率，不管是什么样的赠品，都会让用户的访问量或者销量实现提升。

常用的促销方式有满减满赠、捆绑销售、第二件打折、预售打折等形式。

以每年的天猫双 11 为例，从 2016 年起出现了“预售打折”的促销形式，一方面可以通过预售形式让商家提前备货，避免商品断货下架；另一方面也可以提前抓住用户，进行流量积蓄，到双十一当天集中支付尾款，引爆成交额。

从以上四个步骤出发我们来看一个具体的应用案例。

笔者团队所负责的一款教育视频类产品要在某省进行暑期运营活动，在此过程中，如何提高产品的活跃用户数，让更多的用户产生付费行为。

先来看第一步，如何将产品推送给所有用户。

（1）平台渠道。

产品已经接入了当地某聚合平台，但是该平台上有众多产品，不一定都了解目标产品，可以借助平台进行产品露出。

（2）微信公众号渠道。

微信公众号运营起步较早，目前已经有上万的订阅用户，但是微信公众号现在尚无法走通付费流程。

（3）短信渠道。

产品本身可与平台打通，由平台方进行短信推送，但活跃用户的转化率可能会比较低。

所以我们选择的场景排序主要是：

平台渠道→微信公众号→短信渠道。

再看第二步：如何选择时间。

在缩短用户选择时间方面，则需要充分发挥视觉营销的作用，主要体现在平台渠道和微信公众号上。

高考王者宣传 banner

以平台 banner 为例，以最少的字数传播出产品的核心价值，以及针对的用户群体，加以“官方授权”等字样，可以迅速拉动目标用户。

而在朋友圈的宣传图，则需要在长图中展示出产品的所有要素，并将产品名称、定价等元素通过字体或者颜色进行区分。

第三步：决策时间。

因为开展运营活动的时间是在八月中旬，距离开学已经不足半月的时间，因此，我们向用户推出了“扫码限时免费观看”的活动，用户只需要扫描二维码，尽可以免费观看每个学科的首节微课，在很多视频课程均收费的情况下，暑期的免费课程可以让用户几乎不需要思考就完成观看的决策。

高考王者产品宣传图

第四步:打折促销。

在打折促销方面,主要跟其他产品进行了联合促销,在购买产品之后,赠送其他视频课程的折扣券。

在用户已经决定购买目标产品之后,打折促销是一件锦上添花的事情,可能会顺便提升其他视频课程的购买率。

通过以上几个环节,可以将活跃用户的转化率做到最大化,在你能掌握的范围内把握好相应的流量,活跃用户和转化率等指标也就会慢慢上来了。

用户增长小贴士

Top 10%的用户可贡献普通用户5倍的价值,所以你要更加关注那10%的活跃用户。

【案例分析】 互联网产品联姻规模经济

近年来,互联网的资本市场异常寒冷,在O2O市场遇冷之后,移动互联网的盈利模式成为很多创业公司难易破解的魔咒之一。

但以共享单车为例,在北上广等一线城市,街头上依然上演着共享单车的地盘争夺,共享单车不断在市场上投放单车的原因其实就是对规模经济的追逐。

谁在市场上抢先占有足够多的单车,谁就可以建立起巨大的竞争壁垒,让其他竞争对手很难形成优势。

2015年至2016年,共享单车市场整体用户数量从245万大幅增长到1 886万,截至2019年,共享单车的用户数量已经接近4亿。

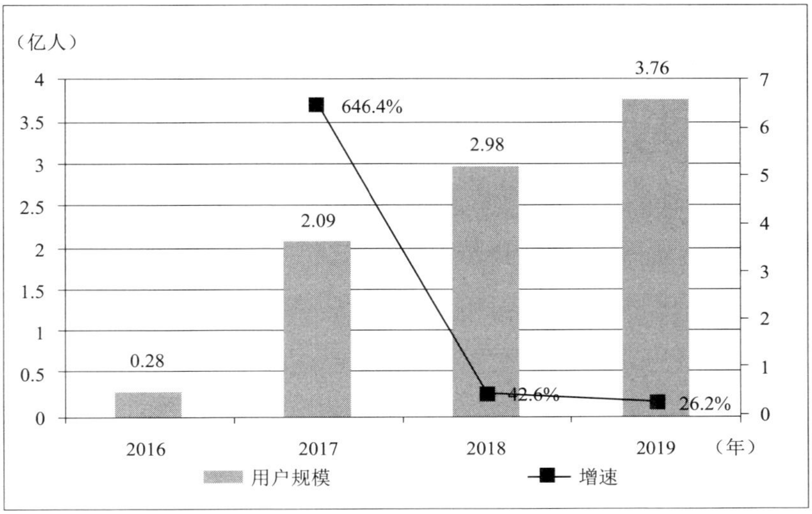

2016～2019 年我国共享单车用户规模及预测　　（数据来自中国产业信息网）

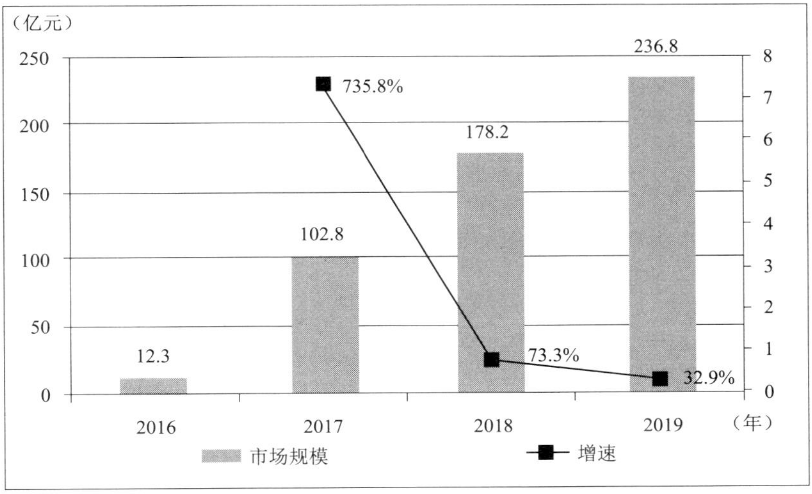

2016～2019 年我国共享单车市场规模及预测　　（数据来自中国产业信息网）

2015 年至 2017 年共享单车的融资金额不断上升，2017 年共享单车领域融资金额为 258 亿元，其中摩拜单车以及 ofo 单车的融资金额占大半，其他共享单车的融资金额也高居不下，各方都在寻找一个适合的融资规模和生产规模，以期达到投入与收益的平衡。

理解共享单车对于规模经济的追逐并不难，比如一个电视节目的成本是1，如果一个观众观看电视节目，电视节目的收益是1；如果是10个观众观看电视节目，电视节目的成本不变，但是收益变成了10。在这个过程中，电视节目的边际成本增加是0，但边际收益变成了9。也就是说，1个用户观看电视节目的平均成本是1，但是10个用户观看电视节目的平均成本是0.1，由于用户的增加，使得电视节目的平均成本得到了下降。

规模经济说的就是这个道理，随着产量的增加，边际成本会拉低平均成本，直到两个成本相等，这个时候达到最佳产量规模，产品获得最多的收益。

换到共享单车的领域，一辆共享单车的成本是1 000，如果一个用户使用共享单车，那么平均成本还是1 000；如果是1 000个用户使用共享单车，那么平均成本就降到了1。

扩大市场规模可以有效降低硬件制造的成本，形成规模经济的优势。以摩拜为例，其凭借产业链和规模经济优势，单车的制造成本由刚开始的每辆单车3 000元降到了1 000元。

在这个过程中，共享单车不仅实现了平均成本的降低，还培养了更多用户的单车使用习惯，以前用户完成最后一公里的出行多采用步行或者公交车，而如今，大部分用户已经接受了共享单车作为最后一公里的出行解决方案。

对于用户而言，他们的需求其实很简单，他们并不在乎共享单车的平均成本如何，他们只关心在需要用车的时候可以随时随地找到车用。

所以，在目前的共享单车市场中，所有的厂商为了扩大规模经济的优势，就需要不断在市场上投入单车，锁定足够多的用户，实现平均成本的降低。

谁在市场上投入的单车数量多，谁可以覆盖到更多的用户群体，谁可以让用户在想用单车的时候最快找到单车，谁就可以形成移动互联网入口和规模经济的优势。

在规模经济的充分竞争中，所有共享单车厂商都陷入了疯狂造车的境况，谁在市场上投入的车辆最多，谁就能最快的降低生产成本，并实现规模化的盈利。这种竞争方式甚至没有给市场上的“老二”任何机会，第二就意味着彻底退出共享单车的市场。

从长远的角度来看，随着平均成本的降低和盈利点的发现，对于摩拜等已经具备一定用户规模的共享单车来说，只要保持在市场规模和话语权的优势，度过这个阶段的烧钱大战之后，还是可以获得持续盈利的。

对于之后的发展方向，共享单车应该将更多的精力放在运营的持续优化上，提升用户体验及服务质量，让用户愿意为共享单车付钱。

美团已经在外卖之外提供了到店、到家、旅行、娱乐等多个使用场景，积累了大量的存量用户，而摩拜作为城市最后一公里的出行工具，可以为用户提供更加完整的闭环消费体验，丰富摩拜原有用户的消费场景。

互联网是一个神奇的行业，互联网的产品人员和运营人员更加能忍受没有盈利的日子，因为他们知道互联网靠的是规模经济，用户越多，成本就被拉得越低，所以许多互联网产品在诞生的时候没有任何盈利模式，因为大家坚信有了足够多的用户，才能探索出清晰的盈利模式，这也是互联网从业人士愿意花更多的时间去打磨产品而不是刚一开始就想如何赚钱。比如Facebook原本只是扎克伯格在大学里建立一个社交网站，最开始并没有什么清晰的盈利模式，而成为世界上最大的社交网站后，有太多的盈利点可以挖掘。

共享单车也是一样，当其中一家厂商占据了市场上足够多的用户，运营成本会降低到一个相当低的水平，届时，即使用户的客单价无法做到其他行业那么高，这些用户也可以保证厂商能较好地活下去。

第二章

与用户斗智斗勇的博弈

2.1 如何让用户喜欢上产品

2.1.1 每个用户都很懒

番茄工作法是职场中常用的工作方法，它主要是选择一个待完成的任务，将番茄时间设为25分钟，专注工作，中途不允许做任何与该任务无关的事，直到番茄时钟响起，然后在纸上画一个X短暂休息一下（5分钟就行），每4个番茄时段多休息一会儿。

但今天跟大家讨论的并不是番茄工作法本身，而是“番茄闹钟”这个工具。

很多人在使用番茄工作法时，都是用手机系统自带的闹钟，当然系统闹钟也可以满足用户番茄工作法的需求，但是你可以在系统闹钟和番茄闹钟的使用对比中发现普通用户对于一款产品的态度是什么。

在笔者向一名之前从未使用过“番茄闹钟”的普通用户简单介绍了这款工具的各种方便之处后，意料之中的是，对方给出的回复是：我怕打开微信小程序，就控制不住刷朋友圈的欲望，用系统自带的闹钟计时器就挺好的呀，断网之后就等着手机提示就好了。

我们来对比一下番茄闹钟和系统闹钟的界面和功能：

番茄闹钟界面

系统闹钟界面

可以看到，系统自带的闹钟功能已经全部完备，但是在使用过程中，需要经历"选择计时器－选择小时分钟秒数－启用提示声音－启动计时器"等多个步骤，在界面设计上也跟番茄闹钟有着一定的差距。

但如果你是一个普通用户，在从未尝试过番茄闹钟的前提下，会如何选择呢？很多人都会出于使用习惯延续之前的系统闹钟——因为更换工具需要付出学习成本，对于时间和精力都有限的普通用户来说，这会是一定的负担。

对于产品人员和运营人员来说，这就是一个悖论了：一个好产品，或者比用户使用过的产品更好的产品，刚接触的用户依然不会选择。

一个普通的互联网用户，在没有强烈需求的前提下，在面临新产品时，并不会表现出太多的尝试欲望，这就是为什么说"每个用户都很懒"。

刘松立在《产品理念：针对需求做产品差异化》一文中提出了产品差异化运营的公式：**市场需求←产品价值＝产品理念＝产品差异化→支撑点。**

通过这个公式我们可以看出，一款产品要满足市场需求，主要看它的产品理念是如何的，而产品理念则是跟产品差异化息息相关的，这款产品是像滴滴出行一样天生具有差异化优势，还是可以通过运营策划来达到产品差异化的目的。

再回到番茄闹钟的案例中，好的产品人员知道如何从这款产品中挖掘完全不同的产品理念，去满足用户之前没有想到，但又是用户刚需的功能点。

番茄闹钟显然是无法像滴滴出行一样具有先天的差异化优势，在跟系统闹钟的对比中，它做不到“非我不可”的差异点，那么如何跟系统自带闹钟形成差异化呢？

那就是做到“你没有的我有”“你有的我更好”，毕竟在闹钟和计时器这些小工具领域，已经有太多的产品做过尝试，如果想要做出来点用户想看的想用的，如果无法从系统闹钟手里抢用户，那么最好是去针对特定领域内的用户，比如说习惯使用番茄工作法的上班族。

进入主页后只有简单的六个板块：工作、学习、思考、写作、运动、阅读，可以满足大部分番茄工作法的使用场景，当你选择了其中一个版块，就可以进入番茄钟的倒计时。

番茄工作法界面

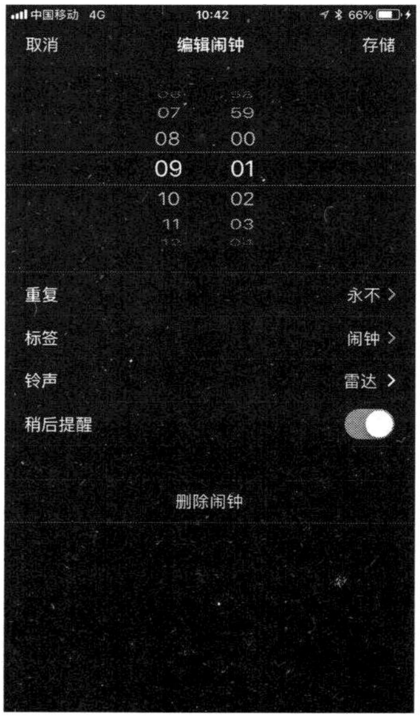

系统闹钟编辑界面

比起来系统闹钟，番茄闹钟不需要多次设置，根据不同的使用场景有不同的板块区分，而且在使用过后有对应的数据统计。

虽然需要从微信小程序中打开番茄闹钟，但整体的使用流程要比系统闹钟更加简单，一旦用户习惯了番茄闹钟的功能划分和数据统计，估计就很难再回到系统闹钟了。

如果可以意识到这一点，对于“每个用户都很懒”这句话的理解又可以加深一层：每个用户的确都很懒，而产品和运营人员就是明明知道用户很懒，却可以利用用户的“懒”来提高产品的用户数。

那么这个时候又会出来一个新的问题，是不是用户操作越少越好？

这个答案是肯定的，前提是用户可以确认自己无须操作也可以得到正向回馈。

有的用户不愿意尝试新的产品，其根本原因在于对产品效果的不确定，用户无法确定是否可以新的产品满足自己的需求。

比如用户在系统闹钟设定一个时间，需要先在主界面选择编辑时间，进入“编辑闹钟”界面后，需要先后选择闹钟时间、是否重复、闹钟标签、铃声等多个选项，最后在右上角选择存储，如此烦琐的过程，并不是说可以刁难用户，而是让用户可以在每个步骤都可以确认自己的选择。

如果番茄闹钟可以通过更少的操作让用户得到确认，这就是它的优势了。只需要选择场景的时候点击一下，开始计时的时候点击一下，两次操作都需要经过用户的确认，这就够了。

进入计时后，小程序还自带了各种背景音乐可以选择，这就是系统闹钟所不具备的功能了。

即使在锁屏之后，番茄闹钟也会出现在锁屏界面，方便用户及时进行时间的调整或放弃。

很多互联网产品在升级改版之后，往往会进行指引说明，让用户知道自己的每一步操作在做什么，对于互联网深度用户来说可能略显多余，但对于大部分互联网普通用户来说，他们并不愿意在产品升级改版这件事情上花费太多的时间去学习，用操作步骤的形式来指导用户，会大大减少用户的学习成本。

如果进行反向思考的话，也会发现，很多涉及用户隐私信息的产品，会将产品设计地非常详细，甚至是烦琐，一方面是因为这些业务的逻辑本身就比较复杂；另一方面，用户通过每一步的操作，会觉得自己在掌控产品的每个步骤，而不是由产品来决定用户的操作。

在设计产品和运营产品的过程中，我们经常可以发现这样的案例，即使系统自带的应用不太适合用户需求，或者市面上出现了新的替代产品，普通用户也很少会主动去使用。

而当产品出现了差异化和产品亮点，或者使用步骤大大简化之后，再懒的用户也会出于便捷性的考虑转移到新的产品上。

用户增长小贴士

懒惰不是用户的问题，而恰恰是互联网需要解决的问题。

2.1.2 如何让用户懒得很舒服

当你遇到懒用户的时候，更应该感谢这些用户，正是这些用户促使了互联网生活更加便捷，让这些懒用户动一动手指就可以满足他们的需求。

而作为互联网的从业者，如何让这些用户懒得很舒服，这是一个很值得思考的问题。

一个好的产品就像是一间房屋，产品功能是房屋的布局，卧室客厅布置好了之后就可以入住了，但房屋是否能吸引其他客人来参观，最好是来了之后什么都不用干就可以知道房屋好在哪里，这就是一件很值得琢磨的事情了。

互联网产品想要抓住用户，就要在实现产品功能之外，让用户用得很舒服，让用户觉得使用产品是一件很享受的事情，在这里有四条原则需要把握。

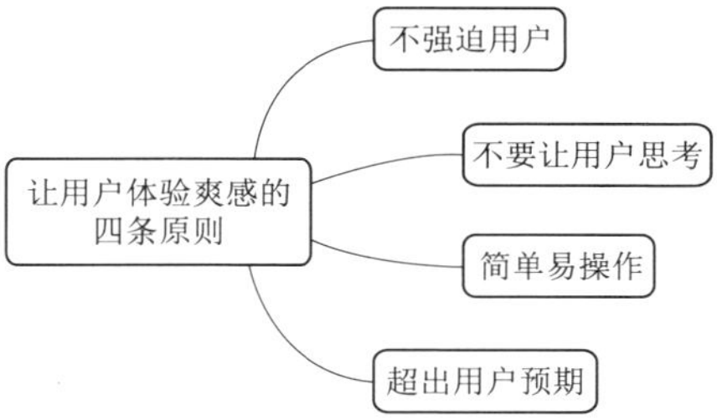

让用户体验爽感的四条原则

1. 不强迫用户

互联网的世界里，用户是懒惰而任性的，如果不能让他们在产品中获得愉悦感，那么用户扭头就会选择其他产品；而在这个过程中，最让用户反感的事情就是强迫用户去做事情，不管这件事情是升级产品还是选择产品。

（1）不要强迫用户注册。

移动互联网之所以让大家觉得方便，最重要的一点是注册环节非常简单，只需要手机号和验证码，就可以完成注册过程。反观之，在门户时代，很多互联网产品如果不注册，是基本没法使用的，甚至连浏览的需求都无法满足。所以获取用户信任的第一步就是：不要强迫用户注册。

我们来看看下图中的这个产品，在打开 App 界面之后，会弹出一个无法关闭的浮层，提示有账户的用户马上登录，而没有账户的用户则必须马上注册，没有第三种选择。

某互联网 App 注册页面

很多用户还不知道 App 内部包括哪些内容，就必须注册，内心肯定是不乐意的，这在无意之间就损失了一部分用户。

这种强制用户注册的设计初衷其实很简单，它认为用户完成下载安装动作之后，就已经是产品的目标用户，不会因为一个简单的注册行为就放弃使用；可往往相反，这种强迫用户注册的行为经常是吃力不讨好的。因为在 App 内部，除了跟用户信息强关联的功能模块之外，还有很多功能模块其实不需要用户注册也可以浏览，一些新闻资讯和免费视频，完全可以当作用户了解产品的入口。

所以一款成功的互联网产品，首先是让用户愉快地用起来，当用户用的顺手了，也就自然而然地会去注册了。在用户使用需要跟个人信息绑定的功能时，再引导用户进行注册。比如 B 站提升评论素质以及二次元用户的素质，B 站注册会员需要通过 100 题转正考试，即使注册门槛如此之高，热爱 B 站的二次元用户还是乐此不疲，这就是“强迫用户注册”和“吸引用户注册”的不同之处。

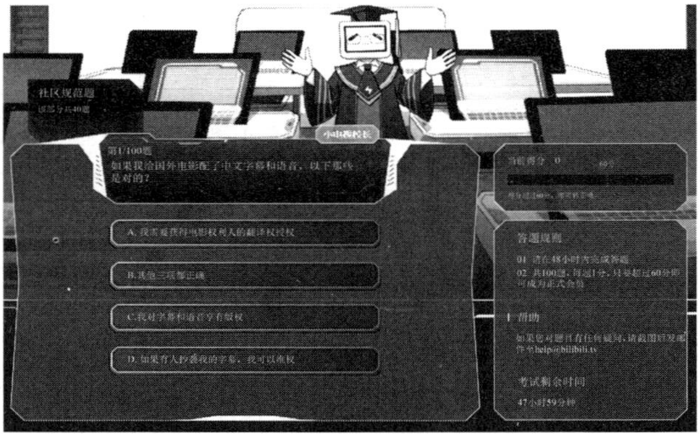

B 站转正 100 题

(2)不要强迫用户升级。

最近 10 年里，最大规模强迫用户的案例发生在 2010 年，也就是腾讯和 360 之间的“3Q 大战”。

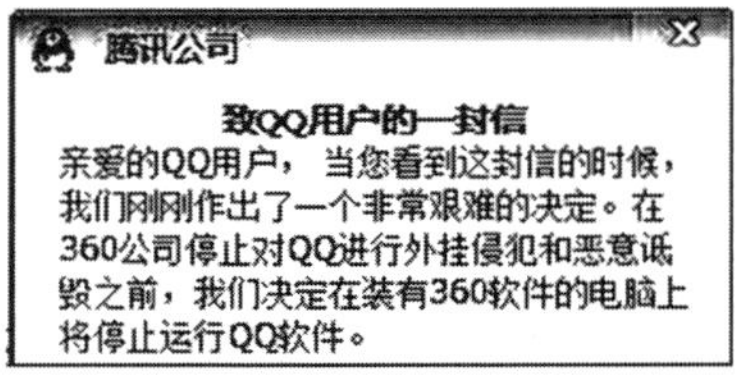

“3Q 大战”中的腾讯新闻公告

2010 年 6 月，腾讯公司将 QQ 医生升级为电脑管家；同年 9 月份，网上陆续有网友反映，自己的桌面上突然多出了“QQ 电脑管家”的图标，而且会在开机时自动启动。

这是 QQ 继 2010 年春节强制安装 QQ 医生后的第二次大规模强制安

装。早在2010年春节期间，QQ电脑管家的前身——QQ医生在二三线城市突然大规模强制安装，如果不安装就无法登录QQ。依靠这种强硬手段，QQ医生一夜之间几乎插遍全国用户电脑，蚕食了大量的市场份额。

虽然在短期之内获得了大量的装机量，但是这种强制升级的做法让很多用户对电脑里的QQ电脑管家观感极差，很多用户在被强制升级之后迅速选择了卸载。

在替代性极强的互联网安全产品领域，这种非常不好的用户体验会让用户非常反感，如果不在市场上占有绝对份额，这种野蛮的开荒形式注定不会被用户认可。

即使在移动互联网时代，国内的安卓系统也常常面临着这样的问题，用户形象的将其称之为“全家桶”，意思是说当用户点了“升级”或者类似具有诱导性的按钮之后，会让很多App不知不觉地安装在手机里，而不会经过你的同意与否，这种“全家桶”行为是整个互联网世界中最被用户所抵制的行为之一。

(3)不要强迫用户选择。

在“3Q大战”中，腾讯公司另外一个让用户诟病的地方在于强迫用户二选一。

在此次纠纷中，由于360发布可以去QQ广告、关闭QQ秀及QQ会员的“扣扣保镖”，腾讯发布了下面的公告称。

亲爱的QQ用户：

当您看到这封信的时候，我们刚刚作出了一个非常艰难的决定。在360公司停止对QQ进行外挂侵犯和恶意诋毁之前，我们决定将在装有360软件的电脑上停止运行QQ软件。我们深知这样会给您造成一定的不便，我们诚恳的向您致歉。

这种逼迫用户作出二选一的行为在当时让一定数量的用户暂时放弃使用QQ，而选择其他即时通信工具。

这次纠纷发生在2010年，双方一度对薄公堂，耗时4年后尘埃落定。虽然这交纠纷不仅仅局限于产品运营方面，但这种逼迫用户做选择的行为确实不是一步明智之选。

2. 不要让用户思考

互联网产品必须是简单的。极简的产品是别人很难超越的，别人想要改变只能增加上些东西，而增加东西就会让懒惰的用户不得不做出各种行为，就会给用户使用增加麻烦。

比如 iPhone 手机，机身主要部分就是一块屏幕，但其他手机生产厂商在相当长的一段时间内都一直无法超越，这就是常说的“Don′t make me think”——不要让用户去思考。

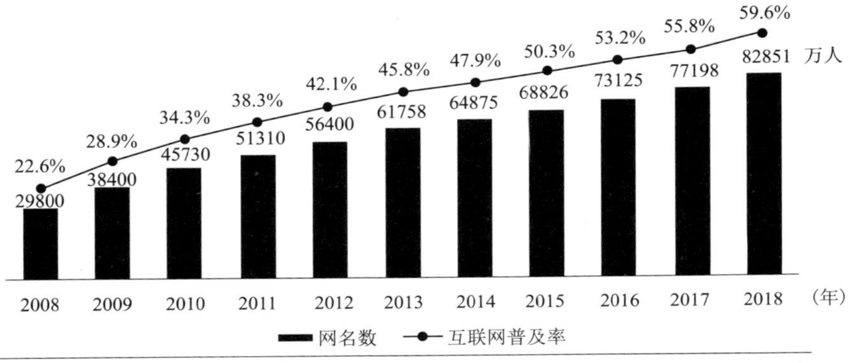

（来源：CNNIC中国互联网络发展状况统计调查）

截至 2018 年年底中国网民数量

截至 2018 年 12 月，我国网民规模为 8.29 亿，全年新增网民 5 653 万，互联网普及率达 59.6%，其中手机网民规模达 8.17 亿，全年新增手机网民 6 433万，网民中使用手机上网的比例高达 98.6%。

在这 8 亿的网民中，其实资深的互联网用户还占不到 10%，换句话说，大部分互联网用户都只是入门级的普通用户，他们对于一款互联网产品的要求是能顺利使用，而不是需要各种折腾，所以要想获取更多的用户，就避免让他们过多地思考。

作为一名产品从业人员，需要站在普通用户的角度去思考，以互联网小白的标准去设计产品。

甚至可以说，一名出色的互联网产品经理，不是要设计出逻辑多么复杂的产品，而是要设计出让用户用得最顺手的产品，让用户不需要太多的考虑和操作就可以上手使用。

滴滴出行就是这样。打开滴滴出行的界面之后，用户不需要自己计算价钱，也不用选择目前所在地点，只需要输入目的地，就可以完成一次出行，这样的产品，用户就会“懒”得很舒服。

那么，一定会有一些产品让“懒”用户很不舒服，让用户在使用过程中觉得非常不爽，大致可以分为以下几种情况。

(1)产品功能不明确，用户用得很迷惑。

产品经理常常犯的错误就是没有同理心，习惯从资深用户的角度出发设计产品。在这种思维视角下设计出来的产品，大概率是产品经理自己看得懂，普通用户看不懂，或者需要花费一定的时间来思考如何使用。

我们来看一下2018年微博的内容发布页面：

微博内容发布页面

在微博首页下方的中间，是微博的内容发布功能，也是微博最主要的核心功能，点击"+"按钮进入发布页面之后，可以看到页面中央是留白部分，页面下方则给出了8个选项。

这样一来，用户就有点迷惑了，到底空白处是可以书写文字呢？还是需要提前选择"文字"或者"拍摄"的选项？选择"相册"之后能不能添加文字？"直播"和"光影秀"有什么区别？

当普通用户看到这样的内容发布页面之后，会迅速产生如此之多的疑问，而这些疑问都会打击用户发布内容的积极性。

如果算上第二个页面的话，用户产生疑惑的地方可能会更多，比如"话题"为什么要在这个页面发布，"秒拍"和之前的"直播""光影秀"的区别在哪里等。

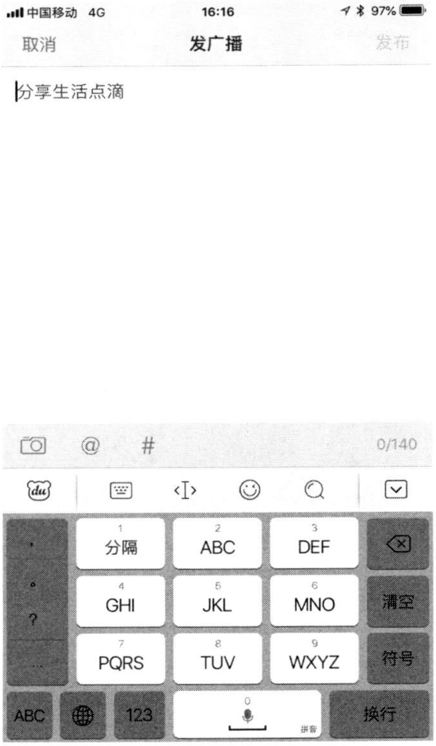

豆瓣广播发布页面

在内容发布页面会浪费用户很多的思考时间，让用户产生不好的用户体验。

那再来看看产品内部的内容发布页面。比如豆瓣"发布广播"的页面，仅仅是一个简单的文字输入页面，如果用户需要上传照片或者提及其他用户，可以在文字输入下方的区域进行选择。

设身处地地想一下，当用户希望发布个人动态时，选择"发布"就可以直接进入内容发布页面，而不需要选取更多的选项，越是简单易懂的产品，越是容易得到用户的喜欢。

所以在设计产品的时候，就需要提前考虑到用户在使用产品中可能出现的种种问题，让产品以简单易懂的形态出现在用户面前，用户一上手就能用，“懒”也懒得很舒服。

(2)产品入口太深，用户找不到。

产品功能不明确不仅仅是产品设计的问题，也可能是集成功能过多所造成的。拿上一个例子中的微博发布页面来说，即使用户刚开始的时候看不懂，但用的时间久了，也会慢慢明白不同功能之间的差别。

另外一种让用户很恼火的情况就是因为产品入口太深，导致用户找不到产品，这也是产品设计中经常出现的问题。可想而知，如果用户找不到产品入口，那肯定会流失很多用户。

支付宝运动红包挑战赛主界面

支付宝“全部应用”界面

继微信运动之后，支付宝也推出了运动红包挑战赛，每天走 5 000 步就可以“瓜分”红包，这项功能吸引了不少用户来参加支付宝运动。

支付宝运动红包挑战赛步骤

但在当时，很多用户都会发现，自己在支付宝首页根本看不到运动红包挑战赛的图标，很多人在首页花费几分钟都找不到运动的入口，对于用户而言，这就属于“入口太深”的问题。

与此同时，支付宝内部还有“蚂蚁庄园”和“蚂蚁森林”等其他模块，如果找不到运动红包的话，用户在收集能量之后，就会选择关闭支付宝产品，这会明显使活跃用户和使用时长增长。

实际上，除了直接搜索“红包赛”之外，用户需要点击首页中的“全部应用”，然后在“便民生活”中找到“体育服务”这一项，点进去看到“运动领红包”，然后点击“立即报名瓜分红包”，才算是正式参加了红包赛。

当然，出现上述情况，也有可能是因为“运动”这项功能本来就不属于支付宝的核心功能；在蚂蚁森林和蚂蚁庄园之外，支付宝也不需要运动红包挑战赛给产品带来更多的活跃。给我们的启示则是，在产品设计中，要尽量贴近用户的需求，考虑到用户使用产品中的方方面面，当用户不愿意在学习产品上投入时间的时候，依然可以很舒服地用产品。

在避免“不强迫用户”和“不要让用户思考”两个雷区之后，“简单易操作”和“超过用户预期”就成为产品人员的必修课了。

3. 简单易操作

虽然从一开始就强调“简单易用”对用户的重要性，但是在实际操作过程中，为了照顾到所有用户群体的需求，经常会不自觉地加一些功能。导致的结果就是产品功能越来越多，安装包越来越大，本来可以三四步完成的动作，慢慢地变成了五六步。看着功能做得很齐全，但是用起来反而不那么顺手。

但实际上，获取用户的不二法门不是为了讨好用户而设计出来各种臆想出来的功能，而是让用户更加方便地使用，从而吸引更多的用户来使用。

所以从一开始，就要尽量避免“大而全”的产品思路，尽量突出产品的核心功能，让用户进入产品之后可以马上找到自己想要的，而不是在一堆功能里来回切换，最后得出来的结论只能是产品夹带了太多的私货。

那么从最开始的时候，就要保证以下三点：

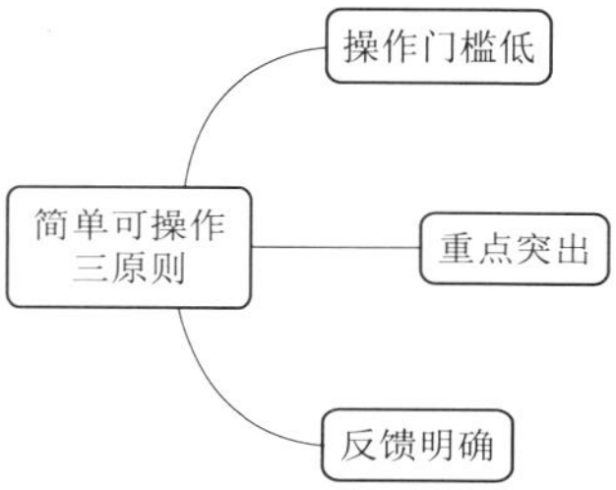

简单可操作的三个原则

（1）原则一：操作门槛低。

简单可操作的第一个原则就是操作门槛要低，不要让用户使用产品时感到太多的压力。

不管是页面的复杂程度，还是表单的填写信息，如果让用户感到有使用压力，那就说明这款产品的操作门槛还可以降低。

一个简单的例子：在移动互联网之前，支付宝等支付工具绑定银行卡的时候，都需要手动输入银行卡号，经常会出现卡号输入错误等情况，这种操作对用户来说，就属于常见的使用压力。

而在移动互联网时代，绑定银行卡通过扫描识别就可以完成，大大降低了用户的操作门槛。

支付宝扫描银行卡功能

(2)原则二:重点突出。

在前面“视觉营销”的部分就讲过重点突出的重要性,在用户打开一款产品后,必然会面临着各种产品功能的选择,就算滴滴出行这种功能点相对集中的产品,也包括了单车、快车、专车、出租车、豪华车等多项功能,但在页面中央,滴滴出行用显要的地图标明了用户的LBS定位,即使没有用过滴滴的用户,也可以知道自己应该如何操作。

而对于滴滴出行的老用户,则采用了记住用户上一次出行工具的方式,让用户可以更快地选择。

(3)原则三:反馈明确。

在产品中的每个操作,都需要用户可以得到明确的反馈,比如在滴滴出行中,当用户选择了“呼叫快车”之后,接下来展示的就是产品的核心功能了,所以这个操作步骤一定要给用户一个非常明确的反馈,叫车有没有成功?叫车的价格是多少?司机有多久能到达地点?

当然也有反面的例子,打个简单的比方,在很多互联网产品的客户反馈页面,经常会出现点击“反馈”之后没有动静的情况,或者是机器人客服进行回复,这对于用户来说就属于不明确的反馈。

用户希望通过点击“反馈”进行问题的处理，但却发现还需要继续进行多次操作才可能联系到真正的客服人员，这绝对会让“懒”用户很不爽。

4. 超出用户预期

如果可以做到以上几点，基本上就可以让用户懒得很舒服了；但如果想让用户更加喜欢你的产品，就需要在一些地方表现得超出用户预期，这就意味着不仅可以满足用户的基本需求，还要满足用户没有意识到的需求。

在用户使用产品的过程中，让用户感受到远超其他产品的使用体验，给他们更多惊喜的感觉，这才算做到了一款好产品的标准。

在搜狗输入法出现之前，大家常用的输入法是微软自带的智能ABC输入法，但一个很突出的问题就是，很多常用词在智能ABC里都没有词语储备，也就不能一次性打出来，所以只能用“手工造词”的办法来解决。

在2006年，搜狗输入法的上线改变了整个互联网汉字的输入习惯，比起来同期的紫光输入法等产品，它让人们摆脱五笔字根，通过拼音也能实现汉字的快速输入，这已经满足了用户通过拼音快速输入汉字的基本需求。

但在满足用户基本需求的基础上，搜狗输入法实现了输入法和互联网的结合，它会自动更新自带热门词库，将搜狗搜索引擎的热门关键词同步到输入法的词库中。这样，很多新词都可以直接打出，用户不再需要一个一个字地敲，提高了效率，跟传统的智能ABC输入法形成了显著的差别。

而在2010年，搜狗输入法又将“云计算”技术运用到输入法客户端，长句输入准确率从61%提高到了84%，短句输入准确率从91%提高到了94%，再一次大大提高了用户的输入效率。

这就是一件很让用户出乎意料的惊喜了，可以说在搜狗输入法为代表的智能输入法出现之前，汉字输入对很多普通用户是一件很折磨的事情，而搜狗输入法给用户带来了远远超出预期的体验，所以之后的十几年里，一直是汉字输入法的不二选择。

作为产品人员，接受用户很懒已经是一个不争的事实，面对市场上数量庞大的普通用户,如何让他们更方便地使用产品,才是抓住用户的关键。

用户增长小贴士

把自己当成互联网小白,才能做出大部分互联网普通用户喜欢的产品。

2.2 如何把用户留下来

2.2.1 用户生命周期各阶段的激励措施

让用户懒得很舒服,可以让新用户很快习惯产品的存在,但如何让用户更活跃地在产品内留存,就是接下来要解决的问题了。

一般来说,用户的生命周期主要分为:新客户期、成长期、成熟期、衰退期和流失期。

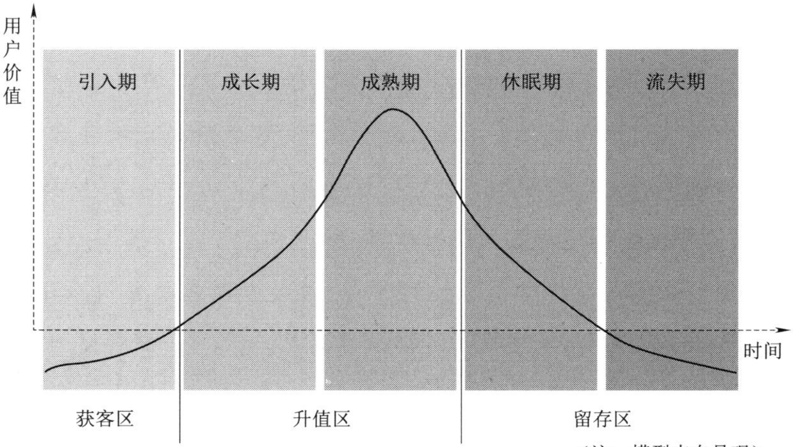

(注:模型来自易观)

用户生命周期

1. 新客户期

在发展用户的途径中，既要开拓新用户增长的渠道，又要通过各种产品运营策略让用户在平台上保持持续的活跃。这其中的“套路”就很多了，今天我们通过一个常见的运营套路来看看如果将这些新用户留在产品中。

大家肯定都有过这样的经历：每到节假日或者“双十一”这些购物节，各大电商网站就开始疯狂地送优惠券，从满减券到买赠券，表面看起来很优惠，但往往等到下单的时候，你会发现本来打算去“薅商家”的羊毛，最后却被商家“薅了羊毛”。

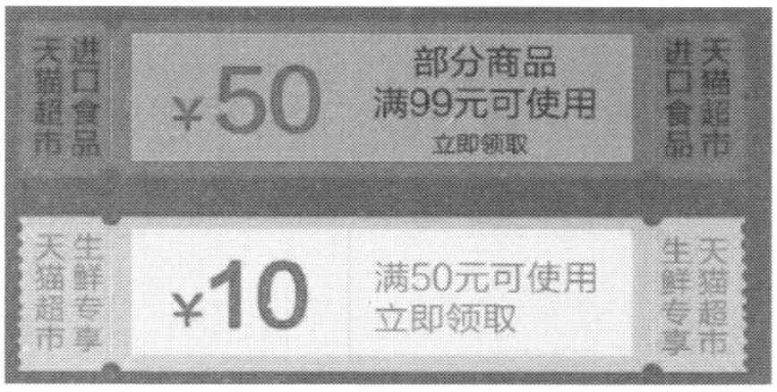

天猫生鲜优惠券

天猫生鲜的优惠券在优惠券金额和发放周期上都很有规律性，金额大多保持在 99 减 50，88 减 40，66 减 30 等。但在实际下单过程中，由于运费的限制，商品的客单价其实并不算低。

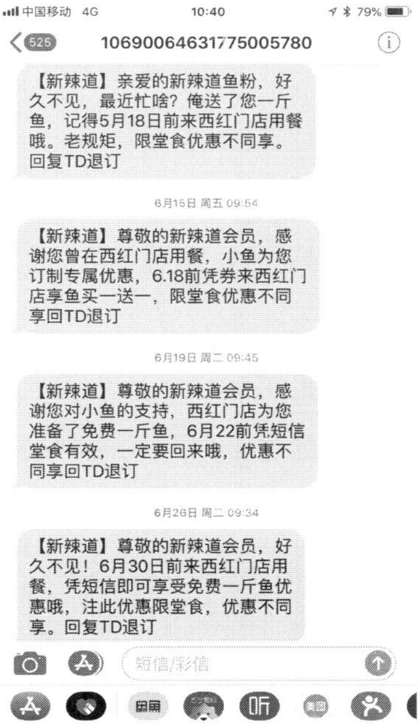

新辣道推送短信

但天猫生鲜优惠券的策略很明显地提高了用户的复购欲望。

优惠券的发放门槛远低于其他电商，用户的参与难度不大，不会因为领取优惠券失败而产生挫败感；

从生鲜红包转换到优惠券，培养用户通过满减等各种手段“薅羊毛”，但实际订单金额和客单价在不知不觉之间是上升的；

商品品牌具备辨识度，每次活动都会只推几个品牌，品牌很容易打响知名度，对于卖家和买家是双赢的事情。

近些年，对于越来越多的90后消费群，很多线下的门店也开始借用这种套路，通过微信公众号或者短信推送优惠券，尝试以更加贴近用户的方式来留住新的消费群体。

如新辣道，新用户在店里进行首次消费之后，新辣道会不定时向这部分用户提供“买一送一”或者“免费一斤鱼”的福利，吸引用户进行二次消费。传统餐饮业通过长期塑造品牌来吸引顾客的玩法，被新辣道进化成了主动拉动消费者消费；通过效果来说话，是新辣道不同于其他餐饮公司的优势之一。

门店跟用户不再是单次消费的关系，而是可以通过福利不断地进行再次消费。这时候，就算优惠券不是名副其实，也达到优惠券所希望达到的效果了。

一般来说，由于产品的定位相对比较固定，一个用户在产品内所购买的产品品类是相对比较集中的。比如在京东网主要购买3C用品和图书，在小红书上主要查找女性化妆品等。当用户习惯了在这些网站进行相关品类的购买时，势必会涉及如何将已经产生消费行为的用户留存下来。

否则，经过了这些网站的用户教育，如果激励措施不到位，用户会很快跑到竞争对手那里，反而对自己不利。

那么在解决新用户的留存问题时，如何设计激励机制呢？接下来，我们用宜人财富来说明如何通过不同阶段的激励机制提高用户留存率。

（1）新用户的激励机制。

宜人财富新用户奖励机制

右图是宜人财富对于新用户的刺激机制，在其他资金出借方案回报率为6%到7%的时候，宜人财富的新手专享可以达到9.95%+5%的回报率，这就让没有用过宜人财富的用户有很大概率尝试新产品。

(2)首次购买后的激励机制。

首次购买之后,用户已经对产品的购买流程和预计收益有了初步了解,这个时候,如何促使用户尽快进行多次购买呢?

宜人财富提供了不同授权额度的满减券,用户在完成首次购买之后,就可以进行使用这些满减券,包括 1 000 减 70,100 减 30 等多种额度。

宜人财富新人满减券

宜人财富中秋节活动

通过发放满减券,可以让用户缩短首次购买到第二次购买的时间,加快用户从新用户转化为深入了解产品功能的老用户。

(3)周期性的激励机制。

结合不同的营销活动,宜人财富给不同的用户提供了不同额度的权益,从而对用户的复购进行周期性的指引。

比如在 2018 年中秋节期间,宜人财富按照出借金额设置了不同等级的宜人币奖励,引导用户进行不同等级的投资,所奖励的宜人币都可以用于产品内部的投资消费。这对于老用户来说，无疑是非常有吸引力的。

2. 成熟期的用户运营

一个用户度过了新手期和成长期之后会进入成熟期，增长黑客在用户的这个成长阶段发现了 2 个“魔法数字”，即：

1 次复购，用户留存率提升 30%；5 次购买，用户留存率升至 60%以上。

这两个魔法数字是用户留在产品内的关键所在，一次复购可以让用户在产品内的留存率提高 30%，通过这一次复购，用户已经建立了对产品的认同感；而接下来的 5 次购买就可以让用户从一名普通用户变成忠诚用户。

（1）如何实现 1 次复购。

对于宜人财富这种垂直类产品，首次购买后的激励机制可以通过发放不同门槛的优惠券来促使用户成交；而对于京东等综合类平台，则尽量集中在单一品类内进行用户激励。

比如用户第一次在京东上购买 3C 类用品，那就向其推荐 3C 类用品的活动优惠券；如果用户接触京东比较晚，第一次购买的是图书类和零食类商品，那就不建议贸然向其推荐 3C 类商品，因为用户在平台上没有 3C 类商品的购买体验，尚未建立起对平台的信任感。

（2）如何实现 5 次购买。

购买 5 次以上的用户流失率快速下降，留存率数据变平滑。

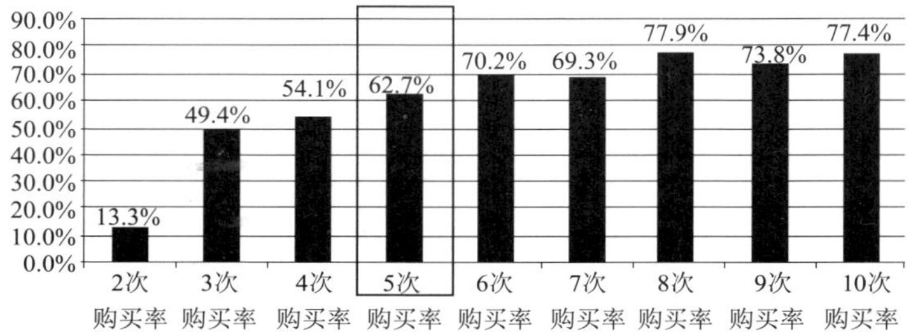

购买 5 次以上的用户留存率

从上图可以看到，用户在 4 次购买之后的购买率已经超过了 50%，在 5 次购买之后的购买率始终保持在 60%之上，除了在 9 次购买时的购买率出现小幅下滑外，整体保持在 70%左右的平稳状态。

我们可以回想一下日常生活中常用的 App，比如刚开始叫外卖用的是饿了么，那么在首次购买之后，饿了么就会以各种名义发券来吸引用户下单，而当成单数量达到一定程度后，饿了么就已经成为平时叫外卖的首选产品。

小满居酒屋运营活动

小满居酒屋是一家专注日料多年的居酒屋，老板山本先生更是从事日料 40 多年，擅长最传统的居酒屋料理，为来往的客人提供最为传统、地道的日本家庭式小酒馆风味。在开业之后，小满居酒屋推出了“4 倍充值有免单”的活动。

只要充值当次消费的 4 倍，当次消费即可免单，例如：消费 200 元，只需要充值 800 元会员卡，当次消费就可以免单。

这看起来像是一次简单的打折促销活动，但“充值 4 倍金额”其实可以很快地实现用户 5 次购买的目标。

按照用户当次消费的客单价，充值 4 倍的话，也就是说用户还需要来餐厅消费4次才可以用完。按照“用户消费5次后的购买率超过60%”的定律来说，当用户第一次选择充值4倍金额之后，很大概率会成为这家餐厅的长期忠诚用户。

这种充值倍数金额享受免单的用户留存手段已经成为很多餐厅常用的手段。事实证明，在长期留存客户这方面，确实可以将很多单次消费的用户转化为长期忠诚用户。

用户增长小贴士

记住这个魔法数字：5次购买，用户留存率可以达到60%以上。

2.2.2 如何从花钱买用户到让用户花钱买产品

在用户的成熟期，除了采取各种手段将用户留下来，还要做的就是让用户花钱买买买，提高用户的ARPU① 值和客单价。

所以，这个阶段就从早期花钱买用户，转换成了让用户花钱买产品。

1. 让用户习惯每天使用产品，提高产品DAU

有的人觉得成熟期的用户可以不用紧盯着，因为这部分用户已经对产品有了较高的忠诚度，当他们有相关需求时，会自然而然地使用产品。这种想法其实是不对的，随着时间的推移，用户会慢慢从成熟期过渡到休眠期或者衰退期，如果不经常在用户那里刷点存在感，用户迟早会忘了产品的存在。

为了减缓用户进入休眠期的速度，需要让用户习惯使用产品，即使用户不在产品内产生消费行为，也让用户主动使用产品，增加收费产品抵达用户的次数。

---

① ［ARPU］Average Revenue Per User，即每用户平均收入。它注重的是一个时间段内公司从每个用户所得到的利润。ARPU越高，产品的高端用户越多，企业的目前利润值越高。

常见的运营手段包括：

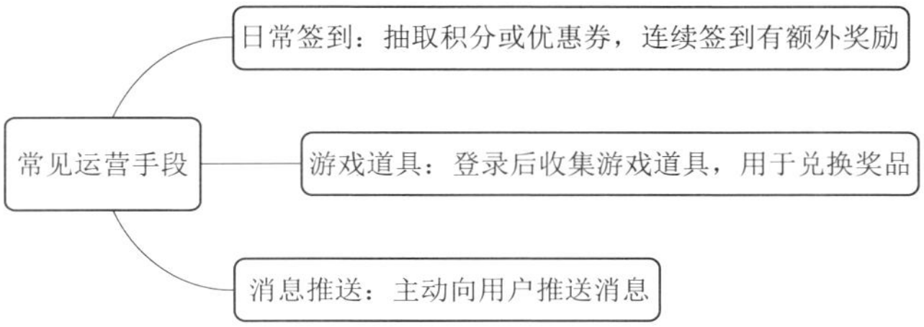

常见运营手段

日常签到：抽取积分或优惠券，连续签到还会有额外奖励。

游戏道具：登录后收集游戏道具，用户可以通过游戏道具兑换奖品。

消息推送：主动向用户推送消息，让用户点击产品。

以京东到家为例，用户每天登录后，都有一定概率获得优惠券，一般来说都可以获得可用于产品内消费的积分。

京东到家签到翻牌抽奖

京东到家签到送鲜豆

除此外，京东到家还进行了“签到拿福利，欢乐抽大奖”的活动，连续签到可获得相应的额外福利，吸引用户每天可以定期进行签到操作。

- 每个用户每天可签到 1 次，连续签到 1 天、3 天、5 天、7 天可以获得相应的签到福利；中途中断签到，将重新从第一天开始计算。
- 连续签到 1 天可以获得 5 元礼包，连续签到 3 天可以获得 20 元礼包，连续签到 5 天可以获得 30 元礼包，连续签到 7 天可以获得 50 元礼包；礼包将直接发放至用户账户。
- 签到将在 0 点刷新，请于每天 23 点 59 分之前完成当日签到。
- 满足不同价格区间的用户需求，让用户的钱花得出去。

在传统的线下营销中，不同的商品品类在不同的消费场景中扮演不同的角色，根据消费者的购买能力，满足消费者的不同需要。

在互联网产品中，在用户花钱买产品的时候，也需要考虑到不同用户群体对产品的需求，从新手期到成熟期，产品需要提供不同的消费档位，让用户的钱花得出去。

以上一节中提到的宜人财富为例，除了定期的网贷业务，还包括基金业务、保险业务和债权转让业务，这些业务从投资金额和时间长短上都有明显的划分，方便不同的用户群体在宜人财富内进行投资。

- 网贷业务。作为宜人财富的主要产品，主要面对中长期对资金流动性要求不高，但对资金收益有一定需求的用户群体。因为网贷产品灵活性相对较差，虽然可以通过转让等方式进行赎回，但普遍存在转让限制、等待时间过长等问题。
- 基金业务。宜人财富包括多种分类的基金业务，包括低风险的货币基金到高风险的股票基金，主要面向对资金流动性要求相对较高的用户，比如天弘弘运宝货币基金就是大家常说的余额宝，因为其本身操作便捷、灵活性高等，所以得到了很多用户的青睐。

宜人财富网贷业务

宜人财富基金业务

- 保险产品。保险产品主要面对投资期限较长，对资金流动性要求不高，且短期内对资金增值无要求的用户，在购买保险产品后，在接下来的五年、十年甚至几十年，都暂时无法从中取得收益，适合希望在若干年后，比如退休后得到生活保障的用户。
- 债权转让。宜人财富平台上常见的是个人债权转让，即 P2P 平台的债权出让人将未到期债权项目转让给该平台上的其他出借人，将债权变现，从而增强债权流动性。

宜人财富保险业务

宜人财富债权转让

在这一过程中，债权出让人通过该平台形成借贷关系，在到期前将该债权转让给宜人财富上的其他出借人，退出原始债权的债务关系；相应的，债权受让人进入到该借贷关系中成为出借人，继续履行业务和享受权利。

这种模式增强用户资金的流动性，将用户资金变现的期限大大缩短。

讲完了品类结构，我们再以定期为例，讲一下某个品类里面商品种类的深度。定期品类在时间维度上结合流动性可划分成不同收益率的理财产品，满足不同类型的用户需求。

通过不同种类的产品划分，宜人财富可以满足用户在资金流动性、投资收入和投资时间长短等多方面的需求，不管哪类用户，在度过新手期之后，都可以在产品内部找到适合自己的产品。

2. 满足用户不同场景下的购买需求，促使用户多买

当用户愿意在产品内花钱之后，下一步就是让用户多买，缩短用户购买产品之间的消费时间，满足用户在不同场景下的购买需求。

(1)打造移动端碎片化的消费场景。

随着移动互联网的普及，以前人们在电脑前购买产品的消费场景已经转移到了沙发上、地铁上和马桶上。

这给很多互联网产品都带来了新的挑战，如何让用户在休息的时候、上下班途中和洗手间的时候进行消费，是很多互联网产品需要考虑的事情。

以今日头条为例，这已经是很多人在沙发上、地铁上和马桶上常用的App，而今日头条的商品号会在文章中嵌入淘宝联盟链接，借助今日头条碎片化阅读所带来的流量，一个商品号的文章可能会带来数十万的精准流量，这就将传统消费场景转移到了碎片化的消费场景。

今日头条商品号

以上图为例：左图是头条商品号的文章列表；右图是文章详情页面，当用户点击“去看看”时，就会跳转到淘宝页面。以本篇文章 8 万的阅读率，如果按照 1%的成交率，就会给目标商品带来 800 单，这比传统的流量推广方式要迅速很多。

(2)引导用户进行关联商品的推荐。

根据用户采购特定商品后的相似推荐或关联推荐，可以在用户购买某件商品之后，向其推荐更多相关的其他商品，增加用户的购买频次。

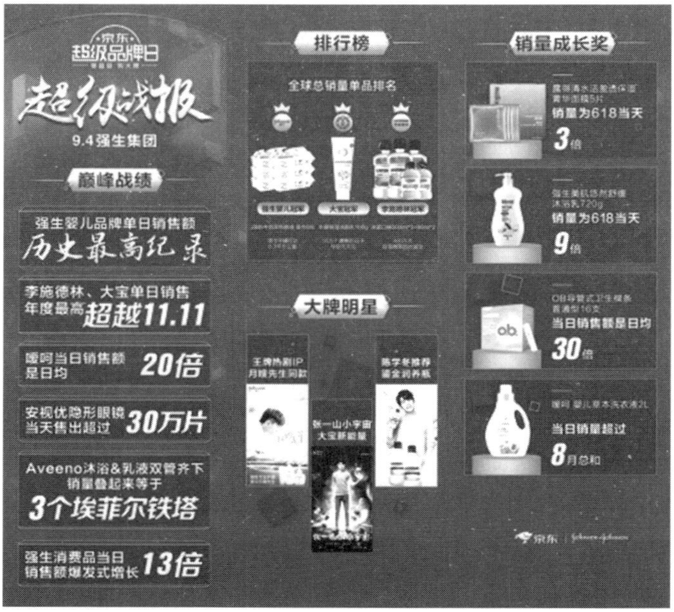

京东商品关联推荐

在 2018 年 9 月的京东超级品牌日，强生品牌以“亲爱”“宠爱”“关爱”“热爱”四块情感场景与用户心智相联系，打破品类壁垒，将旗下各个品牌和各个领域品类的冠军产品进行了有机结合。

其中，“亲爱”对应母婴类产品，“宠爱”对应护肤用品，“关爱”对应个人护理用品,“热爱”对应美妆用品。这种相互关联,让强生无缝融合母婴、美妆、漱口水、女性护理多个品类,打破品类之间的限制,引流效果显著,转化率增加。

比如用户选择了强生“亲爱”区的母婴类产品,说明用户可以是一名有了宝宝的宝妈,这个时候向其推荐“宠爱”区的护肤用品或者“热爱”区的美妆用品,都是符合用户的角色身份的。

这个步骤关键在于京东对用户的数据挖掘和交叉分析,通过优惠券、满减活动、满赠活动等促销手段引导用户进行多次商品的购买。

3. 提高用户客单价,促使用户多花钱

在“**销售额=流量×转化率×客单价×复购率**”的公式中,客单价就是一个客人一次花了多少钱,买了多少东西。

我们来看一下小米之家如何在客单价和复购率之间取得平衡的。按常理而言,手机是低频消费产品,一两年才买一次,虽然客单价相对较高,但是如果只靠手机的话,显然是撑不起小米的复购率的。那么小米之家是如何在保持客单价的前提下,提高用户复购率的呢?

小米之家线下零售店平均客单价已经超过 1 300 元,对比优衣库在北京三里屯占地面积 1 400 平方米,其月营业额大约 1 200 万。这么看来,优衣库的客单价大概在 500 元左右;对比之下,小米之家营业额虽然和优衣库差不多,但客单价远远高于优衣库。

过去几年中,小米投资了不少生态链企业,现在小米之家有包括充电宝、手环、耳机、平衡车、电饭煲、自行车等 20 到 30 个产品品类,超过 200 种商品,按照小米每年更新一次的更新频率,用户在每个品类上的购买间隔大概在半月到一月之间。

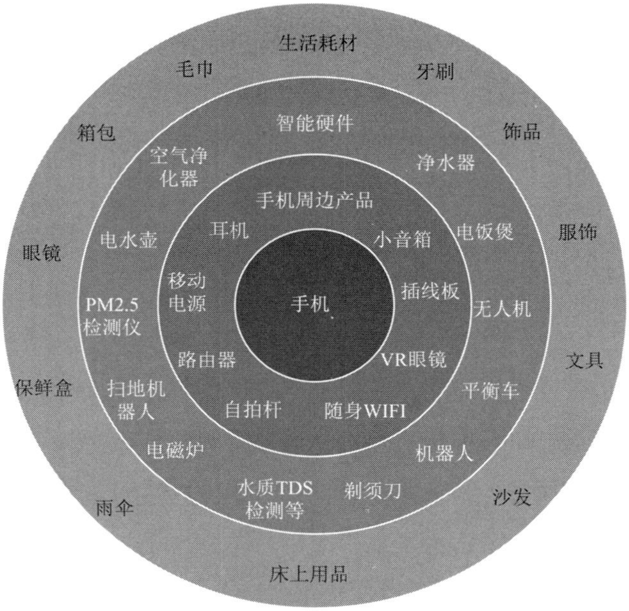

小米生态链

虽然手机是低频消费品，但加上如此之多的产品品类，整个小米之家就变成了高频消费产品。

小米总裁林斌：“我们不是靠单个产品毛利高，而是靠很多产品。我们不只有手机，所以顾客可以经常来。因为购买频次高，最终会撑起这家店的流量。能不能买一个产品带动其他产品的销售，这是我们希望提高的。目前进店下单的顾客，单人平均成交产品数为3.2个。”

最后我们回顾一下用户花钱买完之后的几个阶段：

提高产品DAU→建立不同价格区间的品类管理→建立不同消费场景的消费需求→提高用户客单价。

通过以上几个步骤，逐步可以让用户从最开始的定期使用产品，到买得快，最后到买得多，尽量延长用户生命周期中的成熟期，为产品带来更多的收入。

用户增长小贴士

从无到有，从产品到收入，用户增长是一件循序渐进的事情。

【案例分析】 懒用户的选择：从360安全卫士崛起到飞信的没落

在PC互联网早期的2006年，网络环境并没有现在如此安全，当年有超过130种恶意插件通过互联网传播，甚至流氓软件的受害用户数都超过了病毒的受害用户。

但从严格意义上来说流氓软件并不属于病毒的范畴，加上其中涉及百度、千橡等很多互联网厂商的利益，比如CNNIC中文上网、百度搜霸、一搜工具条当年都是让很多用户深恶痛绝的恶意软件，但却没有人站出来出声。

这样的网络环境让当时的网民苦不堪言，就算是正常浏览网页，也经常会自动装上流氓软件，这些流氓软件让用户使用电脑的体验大打折扣，甚至还造成了电脑蓝屏等问题，当时很多网民都采取重装系统来解决流氓软件。

对于电脑小白来说，这种情况是非常难以处理的，这部分用户在日常使用电脑的过程中并不能注意到流氓软件的入侵，通过单独下载专杀工具显然也不适合这部分用户，所以广大用户对于一款简单易用的电脑维护软件有着非常迫切的需求。

这个时候，奇虎推出以查杀甚至卸载流氓软件为基础功能的360安全卫士，完全针对市面上常见的流氓软件和恶意插件。一上市就受到了广大用户的欢迎，在相当长一段时间内，360安全卫士都是安装系统后的必装软件。

360安全卫士进入市场时，主要功能包括“电脑体检”“开机助手”“补丁升级”“软件管家”等，彼时的互联网用户不仅深受流氓软件的侵害，甚至对新闻中频频出现的“病毒”“盗号”“木马”等信息也感到恐惧，所以当一款不需要深入研究的电脑防护软件出现时，他们不需要去研究每项功能是怎么使用，只需要点击一下

“电脑体检”就知道电脑里有哪些问题，再进行流氓软件的卸载。360 安全卫士让普通用户以最简单的用户身份了解电脑防护的基础知识以及修复方法。

以“补丁升级”功能为例，很多互联网的小白用户都不喜欢打补丁，觉得下载补丁会浪费电脑磁盘空间，增加电脑负荷，所以很多用户都会关闭电脑的自动更新功能，但其实打补丁可以修复危险漏洞，让用户免于很多电脑病毒的侵袭。

甚至有些懒用户觉得自己平时上网习惯不错，不会浏览一些有风险的网页，所以也不愿意花费时间去打补丁。

为了满足这些懒用户，360 安全卫士在漏洞修复功能之外，还推出了“空闲时间打补丁”的功能，只需要点击一次，就可以免除打补丁带来的所有麻烦，不占用用户的工作、学习时间，在用户的空闲时间自动打补丁，完全不用去筛选高危漏洞和低危漏洞，也不用去考虑漏洞修复过程中应该如何设置，这让懒用户真正体会到了爽感。

对于有一定电脑使用基础的用户来说，360 安全卫士同样推出了很多简单易用的功能。一般来说，当系统安装盘(C 盘)空间占满后，会导致系统运行变慢，某些操作无法正常进行，所以才需要进行日常垃圾文件的清理，但对于已经安装在 C 盘的软件，就只能卸载之后重新安装。

而 360 安全卫士则推出了“软件搬家”的功能，用户可以将系统盘里的文件和软件转移到其他磁盘，转移到其他硬盘后，软件仍然可以正常使用而不受影响，这对很多有电脑使用基础的用户来说，又是一个非常实用的功能。

在 360 安全卫士崛起的同时，在市场上还有一款值得关注的软件——飞信。

同样是在 2007 年上线的产品，飞信注册用户最高时达到了 5 亿，高峰时拥有高达 9 000 万的活跃用户，而如今在互联网市场上几乎看不到飞信的踪影。

飞信诞生之初，用户的通信手段主要还是语音通话和短信，当时每个月 500、1 000 条的短信套餐很受用户欢迎，我们可以看看每天在微信里有多少条聊天记录，就知道当时的用户在短信上要投入多少费用了。

面对这样的市场需求，飞信以短信优惠为主要卖点，很快得到了短信用户的认可。当时飞信甚至一度夸下海口要抢走腾讯20%的用户。

在当时，飞信绝对是满足了很多用户在即时通信、电脑与手机之间的沟通需求，但是在智能手机和移动互联网时代到来后，用户纷纷转向了微信等即时通信软件，收费短信的方式逐渐被用户抛弃，而以短信优惠为主要卖点的飞信也在2012年后迅速没落。

现在回头看看，飞信当时不仅是错过了移动互联网的风口，而且还“主动”给用户设置了很多使用障碍。

其中最被用户诟病的就是飞信无法给异网用户发送短信，作为当时非常有竞争力的一款产品，飞信最初并没有开放给联通跟电信的用户使用，很多公司、大学的普通用户为了能使用飞信，不得不把原本的联通号电信号，换成了移动号。

虽然这种限制策略在短期内看起来是增加了移动的用户，但当移动互联网爆发之后，这种人为设置的障碍让飞信无法像微信一样成为一款所有用户都可以顺利使用的产品。

当时的很多用户一直期待飞信可以取消对非移动用户的限制。一段时间内，飞信取消了对移动号码的捆绑，可以向异网用户发送3条以内的短信，这种措施明显是无法吸引用户继续使用的。

直至2012年，飞信才开放异网号码使用软件，而这时候的即时通信市场已经属于微信。

虽然微信在上线初期的功能也很简陋，除了免费发送消息之外，跟手机QQ、飞信还无法形成差异化竞争，但是当语音通话、朋友圈、漂流瓶、附近的人等功能上线之后，迅速成为全民必备的软件之一。

而语音通话、附近的人这些功能，如果是运营商出身的飞信来做，不一定会比微信做得差，但在飞信风靡全国的五年里，并没有对用户的反馈作出处理，而只是把眼光放在了用户数量和收入上，最终丧失了移动互联网最瞩目的一张门票。

对比360的崛起和飞信的没落，我们可以看到一个很明显的差距，那就是用户在面对各种问题时，其内心是迷茫且懒惰的，他们想以最简单的方式方法解决问题，但是在没有合适的互联网产品之前，又无从下手。

产品经理要做的就是帮助用户更快地解决问题：用户电脑装了流氓软件，360安全卫士一键查杀；用户电脑不会打补丁，360安全卫士一键修复；用户想发免费的短信，飞信给好友发短信不要钱。这些都是产品的出发点。

但到了移动用户想给联通用户发短信的时候，不好意思，飞信无法解决这个问题，既然飞信无法解决，那么用户只好去找可以解决这个问题的微信了。

微信创始人张小龙曾经对懒用户或者小白用户下过如下论断：

“怎么样让用户用得爽呢？简单的方法是把自己当作一个傻瓜来做产品。这是个挺难的功力。乔布斯也用这个方法，能瞬间把自己变成傻瓜。我要经过5～10分钟。Pony(马化腾)大概是1分钟。但我们的产品经理经常花了3天还不行，他们总是太专家了。”

作为产品人员，一定要把自己摆在一个傻瓜用户或者普通用户的位置上，设身处地地为这些用户解决问题，这样才能最快地获得更多的目标用户。

第三章

新用户期：从一无所有的拓荒期开始

3.1 用户拉新也要讲套路

3.1.1 如何在引入期获取用户

在讨论用户引入的运营问题之前，我们先来讨论一个常见的问题，那就是：为什么现在的大 V 和网红打广告的价钱越来越贵？

从微博崛起，到微信公众号和头条新闻的后来居上，这些都为平日需要推广产品的人们提供了新的营销平台，不管是利用自己控制的账号发布广告，还是付费给拥有大量粉丝的大 V 网红，都可以在用户引入期，快速将新产品推送到用户面前。

以下图为例，"微博搞笑排行榜"现在有超过 4 600 万的粉丝，一条普通的视频广告就有超过 5 万的评论和超过 1 万的点赞。对新产品来说，这是一次非常明显的用户展示机会。

"微博搞笑排行榜"粉丝数量

"微博搞笑排行榜"某品牌广告的
评论数及点赞数

从这个角度理解，就可以知道为什么大V网红收费昂贵了。以微博为例，根据账号质量、行业相关性，报价标准为0.005到0.01元/个粉丝，那么选择10万粉丝的微博账号所需广告费用为：10万×0.005=500元，10万×0.01=1 000元。如果是各领域的明星或者红人的话，价格可能会更高。

平台上线初期，产品不完善，没有优质的供给或内容，很难获取用户；没有用户基数又很难吸引到优质供给方加入，这是一个悖论。那么，在平台刚上线的时候，也就是用户的引入期，应当如何获取用户呢？下图是几种常见办法。

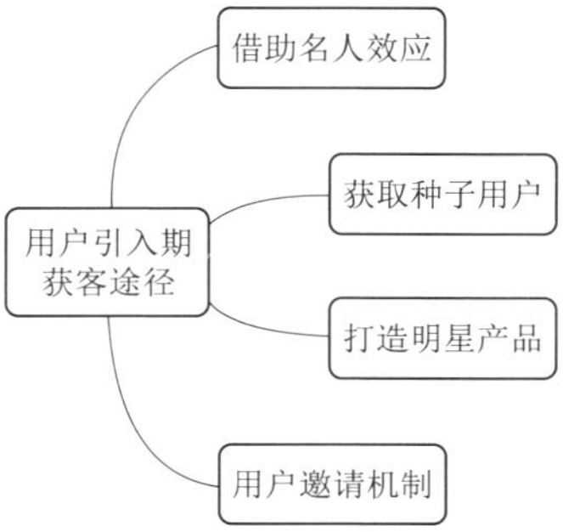

用户引入期的获客途径

1. 借助名人效应

名人效应是名人的出现所达成的引人注意、强化事物、扩大影响的效应。在产品初级，往往可以在短期内吸引到大量的用户关注，为产品正式上线造势，当产品正式上线后，会因为前期的预热带来众多的用户访问和成交量。一般来说，如果名人本身的粉丝群体和产品想要开拓的用户群体有很高的相似度，那么会迅速将名人的粉丝转化为产品用户，所以产品想要获取新用户群体的认可，最简单的办法就是让他们的偶像来担任产品代言人。

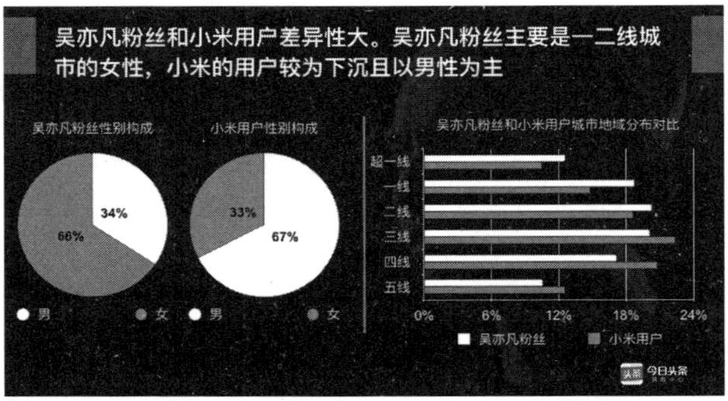

吴亦凡和小米的粉丝群体差异　　　（数据来自今日头条算数中心）

例如小米的用户以极客、发烧友用户居多，但是吴亦凡的粉丝主要是来自一二线城市的女性用户，两者之间存在一定差异度，如果要开拓一二线城市的女性用户，选择吴亦凡无疑是非常正确的决定。

知乎全球解锁计划

自知乎开放注册以来，目前注册用户达到 1.6 亿，二三线城市的用户开始成为知乎的中坚力量。为了吸引更多更广泛的用户，为自己的知识付费市场和品牌升级做着努力，知乎在 2018 年启用了首位代言人——刘昊然。

从《知乎用户刻画及媒体价值研究报告》中可以看出，在知乎的用户中，36～40

岁的用户在知乎占比14%,24岁以下的新新人类和25～35岁的社会中坚,则分别占比22%和61%。

从比例上看,25岁以上的用户是知乎用户的主体,24岁以下的年轻人是知乎最大的潜在消费群体,也是知乎未来的核心用户群。这部分用户群体有什么特点呢?——年轻、高学历、高收入。

那么刘昊然作为代言人,非常符合这部分用户群体的特征。

(1)刘昊然本身一直塑造的是学霸形象,而且出道以来没有任何负面新闻,符合现有用户的喜好度。

(2)作为95后流量小生,刘昊然能为知乎吸引到更多年轻的受众群体。

为了巩固现有用户,并吸引更多年轻用户,通过刘昊然作为代言人,知乎可以触及更多95后、00后的目标用户,将目标受众辐射到更广泛的年龄段。

刘昊然知乎账号界面

比如在世界杯期间,刘昊然关注了很多有关世界杯的话题,对知乎来说,这种深度绑定代言人的行为,可以将更多的话题推送到刘昊然的关注者页面,而之后知乎和刘昊然在内容上的任何合作都会经过刘昊然的放大,让更多的C端消费者参与到知乎的知识付费中。

找到符合产品定位的名人,利用其本身的名气或者媒体资源,让名人帮助产品进行传播推广,通过长期的产品代言人,或者专门的推广活动,都可以在产品的引入期为产品带来种子用户。

2. 获取种子用户

一般来说，种子用户分为六类：建设型种子用户、验证型种子用户、扩散型种子用户、社群型种子用户、营销型种子用户和数据型种子用户。如何最大程度地挖掘种子用户的价值，我们会在下一节内容中详细阐述。在这里，我们主要来通过案例看一下扩散型种子用户和名人效应在用户获取方面的不同。

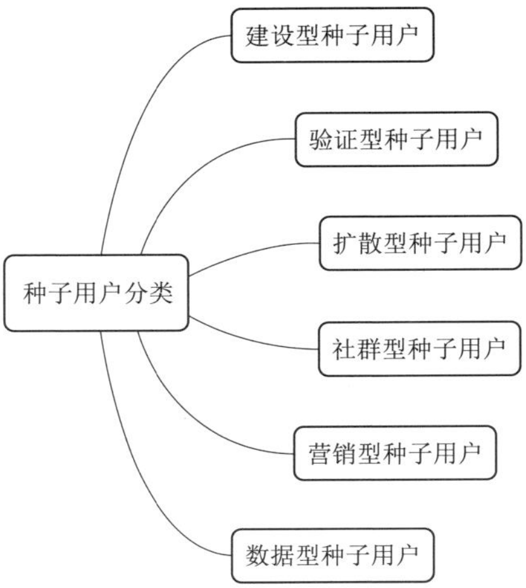

种子用户分类

在获取用户方面，产品更需要的是扩散型种子用户，因为这部分用户每时每刻都在为你的产品做用户口碑建设。

在很多垂直产品领域你会发现，很多活跃用户在整个互联网上其实没有什么影响力，而有影响力的用户在这些领域却未必活跃。比如在游戏论坛，某个版块的版主或者元老级用户都是活跃用户，但放在整个互联网里，他们可能只是沧海一粟；而那些真正有影响力的 KOL，可能对产品的推广营销是一次性的，发完一次软文之后就拿钱走人，无法形成长效的用户拉动。

所以这个时候，跟种子用户之间形成反哺机制是非常有效的，产品鼓励用户参与到找 bug、写体验等活动中，用户获得产品方面给予的奖励，产品获得种子用户带来的口碑传播。

近年来，移动市场现象级二次元的手游当属阴阳师无疑，从 2016 年上线至今，这款由网易公司自主研发的卡牌 RPG 回合制游戏一直保持着大量玩家的关注，这其中当然少不了产品与种子用户之间的互相反哺。

2016 年 8 月 24 日，官网发布公告称《阴阳师》开启同人插画征集活动，鼓励同人创作者踊跃投稿。P 站、微博、贴吧、微信和论坛里出现了大批《阴阳师》的绘画大触，其同人作品在网上被大量转载。

上线之前，用户在玩游戏的过程中，帮助产品找出了大量的bug，提出了优化的建议，通过用户在论坛内和社交媒体上的传播，在上线前就已经获得了大量的口碑。

同年9月2日，《阴阳师》正式公测。网易游戏官网发布公告启动有奖攻略互助计划，鼓励玩家根据自身游戏经验，为萌新撰写入门攻略，完成阴阳天机谱。获得认可的攻略作者可获得不同级别的对应奖励。同一天，“网易阴阳师”贴吧组织了名为“表白声优赢精美周边”的活动，为期三天。

同年9月7日，B站CV翻唱圈的大神西瓜Kune跟《九九八十一》的作曲者乌龟sui合作，发布了《阴阳师》的同人曲《百鬼阴阳抄》。很快，古风圈的知名IP排骨教主、满汉等纷纷翻唱。到目前为止，排骨翻唱视频的点击量是26万，满汉翻唱视频的点击量是23万。

阴阳师同人曲《百鬼阴阳抄》

2016年9月2日公测开始，《阴阳师》在App Store的排名稳居前三，并且在朋友圈和微博上形成刷屏现象，网易与种子用户之间的互动得到良好结果。

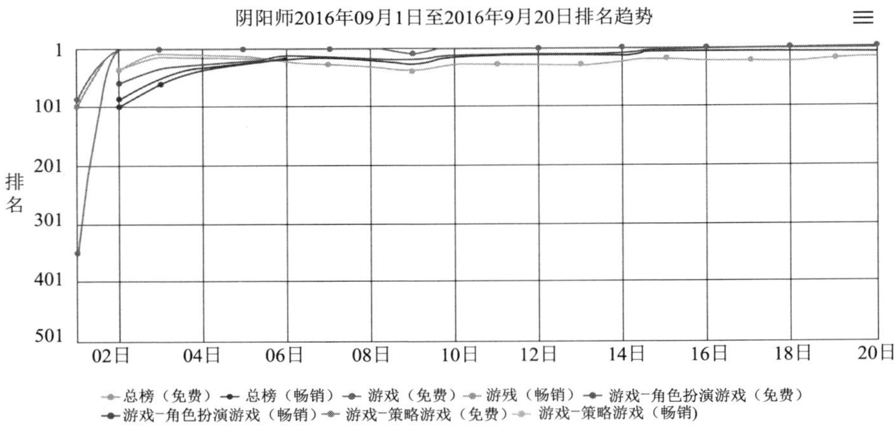

阴阳师苹果区下载趋势　　（数据来自七麦数据）

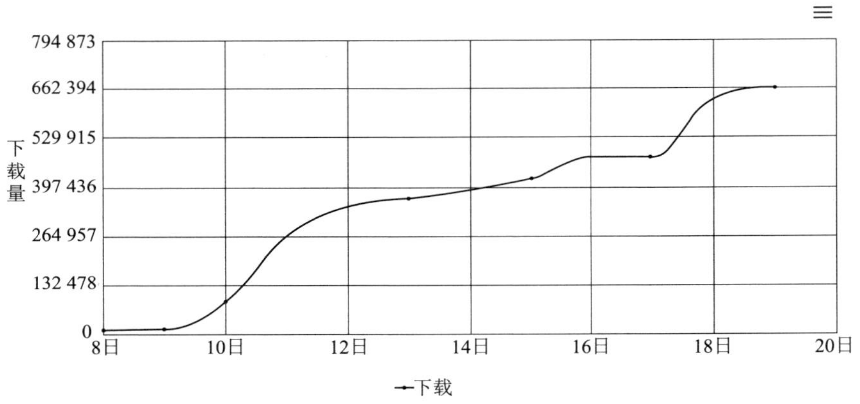

阴阳师安卓区下载趋势　　（数据来自七麦数据）

这种运营方式在产品上线前后都会带来很多的流量和用户，这些用户作为对产品需求最强烈的用户，在新产品上线或者新功能发布时，都会有体验的需求。这个时候，如果可以给种子用户一定的优惠权利，则会让用户更加死心塌地地成为产品的忠实用户。

我们来通过线上线下的实操来简单说明一下如何抓住种子用户。

- 线上场景:游戏评测 App 获取种子用户。

比如我们打算做一款游戏评测类 App,主要面向的是喜欢玩游戏,但是不知道什么游戏好玩的这部分人群,根据产品的核心功能,可以以微信群+公众号的形式先聚集一小部分专业的游戏爱好者,slogen 叫"最有温度的游戏评测",通过人脉关系或者合作付费去知乎邀请有能力贡献优质内容的游戏评测人员加入。

从这部分专业评测人员+游戏爱好者出发,组织线上交流、线下活动、写游戏评测并在自有渠道发布等。

- 线下场景:饮品店获取种子用户。

比如我们新开了一家饮品店,因为刚开业,所以周边居民基本无人知晓,而且店员只有两三个人,所以也不可能把过多精力和资金投入在饮品店的推广上。那么,怎么才能高效地拉到第一批种子用户呢?

第一步是建立目标用户画像,可能对奶茶、鲜榨果汁等饮品感兴趣的,应该是"住在附近的年轻人"。那这部分年轻人还有什么特征呢?又是在怎样的场景下,他们会自然地看到饮品店的宣传信息呢?

可以从两个地方下手,首先是年轻人都会路过的地铁站或者公交站,可以在这些地方的公告栏张贴饮品店的宣传单,并说明优惠活动;其次是年轻人经常会逛的地方,比如附近的便利店、水果店,可以通过合作分成或付费让这些有固定用户的店面帮忙把宣传单和优惠券放在店里,为饮品店带来种子用户。

不管是种子用户,还是种子用户进化而来的忠实用户,这些人作为产品的第一批使用者,会在整个互联网圈子里形成对产品的风评和讨论,进而产生口碑效应。相对于名人效应而言,与种子用户之间的反哺过程更加真实和接地气,也最容易获得普通用户的信任。

3. 打造明星产品

如果不想把钱花在名人身上，还想让用户快速地认识和接纳产品，那就需要从产品本身下功夫了。不管是做出一个异想天开的产品功能，还是一次跳楼大甩卖的运营活动，都可以让用户迅速知道产品，这就是从名人效应转换到明星产品的玩法。

明星产品指产品功能完善、质量稳定、独具特色、时尚一流的好产品，在推向市场时，具有较大的市场发展潜力，可以为社会和消费者带来高程度的幸福感。在互联网产品中，不管是你的产品功能独一无二，还是产品设计别具一格，又或者是营销手段前无古人后无来者，都可以成为一款明星产品。

截至 2018 年底，Luckin coffee 已在北上广深等全国 22 个大城市完成 2 073家门店布局，消费客户达 1 254 万人，售出杯量 8 968 万，在北京上海等城市核心区实现了 500 米范围内 100％覆盖。

为了让大众用户认识到咖啡的健康价值，让已经养成喝咖啡习惯的用户认识 Luckin coffee 这个新品牌，认识到它购买便利且价格实惠的特点，Luckin coffee 把社交裂变的玩法带到了传统生意中（咖啡本身就是传统生意），任何一个用户在进入 App 后都可以邀请其他好友，而其他好友和他都可以得一杯免费咖啡。典型的场景是，A 用户在朋友圈分享免费的咖啡链接，B 用户点击填写手机号，双方各得一杯咖啡。

Luckin coffee 裂变拉新

相对于星巴克的 App 只是作为线上会员卡来用，Luckin coffee 的 App

是其商业核心的一个存在，用户可以提前购买到店取咖啡而无须排队，也可以下外卖单。用户更多会选择去 Luckin coffee 的 App 下单后，直接去门店取咖啡，免去了等待咖啡制作的时间。

Luckin coffee 在如此之短的时间内俘获如此之多的用户数，主要有以下几个关键。

(1)咖啡作为一种快速消费品，可以通过营销手段，做到低单价和高折扣，在面对星巴克等竞品时保持相对的竞争力。

(2)星巴克代购、连咖啡等线上服务已经充分教育用户，当 Luckin coffee 集中进行线上推广之时，用户的学习成本较低，可以迅速形成口碑效应，形成"线上营销，线下传播"的明星产品效应。

(3)在商品特征和合理定价的基础上，Luckin coffee 还采取了线上列表和明星代言等手段，成功地将城市白领所喜欢的咖啡文化落实到了商品销量上。

咖啡厅的主要成本包括两个方面：

物料消耗。咖啡豆、牛奶、糖浆、辅料(包装、餐巾纸、纸杯等)。调制中的物料消耗，一杯大概在 10 元左右，Luckin coffee 宣传自己选用上等阿拉比卡咖啡豆，其成本比普通豆子高出 30%左右，所以每杯成本大概在 12 到 15 元之间。

经营管理费用。设备折旧、人工、租金、水电能耗，一杯大概在 20 元左右。

如果一杯赠饮咖啡可以带来一个注册用户，Luckin coffee 的获客成本大概在 30 元左右。这么高的获客成本并没有让 Luckin coffee 有丝毫的犹豫。因为要做一款明星产品，必须在最开始的时候投入最大的成本，不管要投入多大的补贴，也要尽快培养用户的消费习惯，虽然这不是一时半会可以达到的事情，但如果通过深挖市场形成足够的竞争壁垒，这批用户非但不会轻易投靠到其他产品，还会成为具有传播力的种子用户。

4. 用户邀请机制

邀请机制跟用户数量看起来是相悖的，但从早期的社区运营，到现在网易星球等区块链产品，都先后采用了邀请机制。

这是为什么呢?

如果说上面介绍的名人效应和明星产品更多倾向于运营策略，那么邀请机制就是在产品层面做的一次筛选。

(1)邀请机制最开始的目的是保证用户的质量，通过抬高注册用户的门槛来保证产品用户和内容的高质量。

(2)由于邀请码一般都需要用积分兑换或者其他渠道购买，用户获得之后往往都会比较珍惜，也会更加让邀请码物尽其用。

转运中国是国内较早涉及海外转运的公司，为互联网的海淘用户提供美国、日本、中国香港、新西兰等以及比较少见的加拿大转运路线。

由于美国网站大部分都不支持直接发货到中国，所以海淘用户必须有个美国的地址才可以进行消费，也就催生了各家转运公司的出现。转运中国是其中一家起步较早的转运公司，在其他转运公司拉新的时候，转运中国反而采用了邀请机制。

除了转运中国的老用户可以分享邀请码之外，用户还会在淘宝购买转运中国邀请码，“什么值得买”等购物分享网站也会上架转运中国邀请码兑换。正是这种策略，当用户通过各种渠道获取了转运中国的邀请码后，会珍惜来之不易的注册机会，加上转运中国的服务质量，往往会成为转运中国的忠诚用户。

(3)由于邀请码的稀缺性，获取成本比较高，而一旦获得，人们就会更加珍惜这种难得的机会，会更积极主动地使用产品，也会更好地宣传产品，这为从邀请码转到开放注册后的用户获取奠定了产品基调。

比如某产品在初期的时候，可能出于提高用户使用门槛的缘故设置了邀请码的机制，当产品内部已经沉淀了足够的优质内容，可以允许更多普通用户参与到内容生产和评论时。可想而知，当普通用户不再受邀请码的限制，也可以跟神秘的“圈内用户”进行互动时，他们注册和生产内容的热情都会非常高涨。

与Facebook和校内网的套路相似，知乎创始人周源最开始采用的也是“发邮件邀请好友的用户”获取策略。

在2010年上线的前两个星期，知乎大概有200位注册用户，多数是创始团队的朋友或同事，几乎全部来自IT创业圈，其中有不少媒体人或行业评论员。在这个阶段，知乎几乎是全封闭的，外界很难拿到邀请码。

等到知乎的注册用户数量达到2 000人的时候，便出现了雷军、李开复等互联网行业的名人，他们贡献了各种高质量的回答。为了维护知乎的专业性，在知乎发展的前两年一直使用邀请注册的形式进行用户获取，这一批种子用户奠定了知乎最核心的产品格调。

一方面，知乎不断邀请各行业的名人加入知乎；另一方面，又严格控制邀请码的发放，制造稀缺感，让更多用户渴望加入，在保证早期社区良好氛围的同时，营造了产品注册方面的饥饿营销。

所以从2013年3月开放注册到2018年5月，知乎注册用户数已经高达1.6亿，年增长达到了95.12%。

同时，知乎不断通过名人效应对外发声，营造神秘感，又严格控制邀请码的发放，制造稀缺感，让更多用户渴望加入，而又无法轻易得到邀请码。这样既保证了早期社区良好的氛围不被破坏，又保证了用户的质量不被稀释。正因为如此，用户一旦获得邀请码，就会非常珍惜，积极参与社区互动，极大地提升了用户活跃度。

类似的方法还是有很多，有预算的土豪完全可以借助KOL或者媒体的力量来一次降维打击，而希望接地气的产品也可以通过微信营销或者借势营销来做产品。

不同的产品在不同的时期都会有不同的用户获取方式，一款产品如何获取用户，在于其产品的核心价值到底是什么，比如 Luckin coffee 和知乎选用的运营方式肯定不一样，Luckin coffee 可以在上线初期选用张震跟汤唯做代言人，可以选择“碰瓷”星巴克来获取话题传播，而知乎在运营初期的两三年都在韬光养晦，不但不飞速扩展用户数量，反而使用邀请码限制用户注册。你能说 Luckin coffee 或者知乎谁对谁不对吗？

不能。

两个产品的核心价值不一样，所处的市场环境和竞争对手都不尽相同，所以我们需要综合使用各种运营方式去获取用户：邮件运营、媒体发布、借势营销、事件营销、地面推广……

那么，话题回到最开始的问题，如果你知道做用户运营有这么多的套路，你会不会选择用大 V 网红呢？

用户增长小贴士

选择贴合用户调性的大 V 网红，会有四两拨千斤的奇效。

3.1.2 如何挖掘用户的从众心理

1. 互联网中的从众心理

上一节主要讲了为什么大 V 网红报价如此之贵，在反思这个问题的同时，我们同样要思考，在产品的拓荒期，如何挖掘用户心中的从众心理（从众效应①）。

---

① ［从众效应］即 Bandwagon Effect，也称乐队花车效应，是指当个体受到群体的影响，不管这种影响是群体的引导还是压力，个体会改变自己的观点、判断和行为，朝着与群体大多数人一致的方向变化。

这就解释了为何用户会热衷于追随网红大V，一方面是因为用户处于互联网快速发展而不确定的产品情景中，普通用户无法有效地判断和筛选信息，故而会选择参考其他人的行为；另一方面是当普通用户处于互联网的大环境时，他们希望被更多的群体接纳、支持和认同，所以会主动选择与群体成员一致的行为方式。而大V就是可以让普通用户迅速学习的群体，这部分人作为互联网的意见领袖，往往可以最快地发现互联网上出现的热点，为产品和营销话题提供二次传播的作用，在产品的拓荒期，如果产品本身不为人所知的话，大V可以最快地让普通用户接触到产品，这从人类追求他人认同的角度来说，是符合用户期望的。

打个简单的比方，在现实生活中的超市里，越是拥挤的柜台越容易招揽客人，越是排队长的商店越不愁销量，从本质上说，这些都是用户的从众心理在起作用。

喜茶门店排队情景

从江门一家不足15平方米的小店到现在席卷大江南北的排队热潮，喜茶heekcaa已经成为奶茶行业当之无愧的现象级网红。很多喜茶在入驻一个城市之前，就先在微信和媒体上进行广泛的预热，把线下的奶茶生意做成了线上的产品推广，在开业前三天买一赠一，然后借助7小时排队效应和消费者自发的晒图，进行二次传播，扩大影响力。

喜茶的一个标志性就是排队，只要有喜茶店的地方都会有排队的现象，这种店外排队、店内多客等现象以简单直接的方式向“未知者”传递了喜茶好喝的信息，刺激了消费者的消费欲望。数据显示，31%的购买者对“夸张”的长队产生好奇，想要“尝尝”喜茶。

作为一个新成立的品牌，排队可以作为产品切入市场的一个噱头，但势必不可能成为一个产品的核心竞争力，在之后的环节，不管是排队还是不排队，用户体验才是第一位的。

所以在排队之外，喜茶的产品通过外观设计、口味设计和活动营销，满足年轻消费群体对新鲜事物的渴求，这也是喜茶在进入市场后可以黏住用户的核心竞争力。

电商平台几乎完全复制了线下超市的排队逻辑，在输入关键词搜索后，淘宝等电商平台都提供了商品销量排序和价格排序，提醒用户商品在全网的销量是多少，而很多用户都会选择销量排序在前面的产品。

换而言之，越多人选择购买某种产品，那就意味着这件商品得到了越多人的认可，这种众人疯抢的购物场景无疑会刺激用户的购物欲望。

所以在产品的拓荒期间，不管是网红大 V 还是种子用户，只要可以营造出很多用户在使用产品的现象，就可以将用户心中的从众心理做到最大化。

2. 其他型种子用户的作用

当当网商品综合排序的销量权重

在上一节，我们已经简单介绍了扩散型种子用户在产品中的作用，那么其他几类种子用户又可以发挥什么作用呢？

（1）建设型种子用户

建设型种子用户是指对产品的生态环境建设起到积极推动作用的用户，跟扩散型种子选手的区别主要在于，前者需要在产品中生产内容，供产品和后来用户消费，而后者则主要是在产品的扩散方面。

与知乎类似，pmcaff 社区从建立开始就是采用邀请制的互联网产品研究的小圈子，早期成员包含苏杰、马占凯等圈内知名的产品经理。这批早期用户在吸引更多互联网产品经理加入 pmcaff 社区的同时，也为 pmcaff 贡献了很多的优质内容。

不同于知乎开放注册，pmcaff 现在依然采取邀请码制度，而且邀请码只有 pmcaff 老用户通过积分来兑换，这种机制进一步刺激了老用户通过在 pmcaff 生产内容来获取积分。

通过这批种子用户，pmcaff 不但提高了社区进入的门槛，保证了产品内容的质量，而且也让种子用户成为与产品休戚相关的个体，在 pmcaff 生产的内容不仅是很多互联网从业者参考借鉴的干货，而且也成为互联网从业者必备的标签之一。

（2）验证型种子用户

验证型种子用户指的在产品上线初期验证产品需求是否符合需求的用户。比起扩散型种子选手和建设型种子选手，验证型种子选手更适用于垂直类产品，在产品上线之后迅速进行产品验证，如果不符合用户需求，可以及时停止项目避免越走越错，如果满足了部分的用户需求，也可以在后续的产品迭代中进行完善。

在产品初期，如果无法判断产品是否有市场，需要招募验证型种子选手对产品进行验证，如果有大公司的流量支持和品牌宣传，对产品初期会是非常大的帮助。

网易星球是国内率先基于区块链技术的生态价值共享平台，于 2018 年 2 月份开始进行内测，推出后受到了行业及用户的广泛关注。但是区块链作为一种新兴技术，基于区块链技术的生态价值共享平台有没有市场，其实前景并没有那么明朗。

网易星球邀请码

所以在内测阶段，网易星球通过邀请码注册开始招募种子用户，用户通过成功邀请注册，可增加原力，进而获得更多的“黑钻”。最开始的时候，每位用户的邀请码次数只有 5 次，后来随着更多用户参与到网易星球中，每位种子用户的邀请码次数也从 5 次增加到了 10 次。

一方面，种子用户通过扩散邀请码获得了更多网易星球产品内部的原力；另一方面，网易星球也通过这部分种子用户验证了产品的可行性，并增加了“竞拍”等更多的产品功能。

(3)社群型种子用户

社群型种子用户其实相对较少,主要原因是市面上的社群类产品相对比较成熟,普通用户已经没有成为社群类产品种子用户的机会,但是在一些新兴的社区产品中,种子用户还是有非常重要的价值的。

知识星球诞生于2016年,一开始叫小密圈。如果说微博是陌生人社交,朋友圈是熟人社交,这两者对于社群的态度更像是来者不拒,就算是有兴趣微信群,很多也都会成为无效信息过多的水群,而知识星球的定位则完全是以兴趣为主的兴趣社交。

在知识星球刚上线时,很多互联网圈子里的名人,如冯大辉、曹政等,就已经通过知识星球的社群功能与粉丝进行沟通交流。对于不同星主(“星主”即知识星球的群主角色)发起的社群,用户可以进行自主筛选和付费,之后想加入的用户需要其他在群里的人推荐才能进入或者需要详细的介绍自己。通过对用户属性的准确定位,知识星球避免了社群成为一种交流的累赘,而是真正可以连接铁杆粉丝,做出高品质社群,实现知识变现。

社群型种子用户的关键在于用户的认同感,如果种子用户可以对社群产生认同感,社区的活跃度就会高,也会拉动更多的用户加入产品中。

通过以上案例不难发现,网红大V和种子用户都是产品拓荒期取得第一批用户的重要手段,不管是通过付费让大V进行初期的推广,还是拉到一批种子用户进行不断的用户扩张,只要给用户造成一种很多人在使用产品的印象,通过运营活动和产品功能吸引用户的注意力,提高用户活跃和用户黏性,总会有更多的用户不断地投入到产品的使用中。

用户增长小贴士

互联网的用户也是群居生物,他们渴望在各种用户行为中得到认同。

3.2 发红包和抽奖也要讲技巧

3.2.1 红包在互联网产品中的作用

自从微信红包诞生以来，以货币红包和优惠券红包为代表形式的红包产品已经变成了一种社交文化，以我们经常发的固定数字为例：

6.66 是一切都顺；8.88 是要发财啊；5.20 是我爱你，5.21 也是我爱你；13.14 是一生一世。

红包被中国人赋予了更多的内涵和意义，这其实跟中国人的人际交往方式有着密切的关系。在现实生活中，如果你进入一个陌生的场景，中国人会更多选择别人来关注自己。在线上生活中也是一样，如果你进入一个陌生的微信群，你会主动去跟别人沟通来获取他人的关注。

但是有了红包这种产品形式，简直是中国人在线上社交活动的一大进步。发个红包在群里，无论金额大小，拿了红包的人至少会跟新入群的用户产生一次互动，这种破冰形式极大地避免了中国人在进入陌生场景时的尴尬。

线上的红包主要分为两种：货币红包和优惠券红包。前者的代表形式就是微信红包，它是产品和用户之间、用户和用户之间以金钱的方式直接进行交易，产生的交易额就是真实的货币交易。但是在互联网产品中，以货币红包发放的场景不常见，它可能会刺激用户产生一定的活跃，但无法带来更多的消费场景，在后续转化上存在不可持续性。后者优惠卷红包的代表形式是滴滴打车红包，用户在微信群等渠道领取之后，可以在使用产品时直接进行优惠券金额对应的折扣。产品可以通过设置使用时间、使用品类和使用下限等方面来促使用户使用。

这也是现在电商、外卖、出行等很多 App 中常见的红包形式，比如美团外卖等 App 在初期多采用无门槛的优惠券红包吸引顾客下单，在占有了一定的市场份额后，以“满减券”“互斥券”等形式提高用户购买的客单价。

美团红包互斥券

据企鹅智酷《中国人如何抢红包？互联网红包报告独家揭秘》数据显示：互联网红包在城市手机网民中的渗透率为 89.5%。其中货币电子红包（红包中提供现金，可以直接提现或消费）渗透率为 88.3%，优惠券电子红包（无法提现，需要在指定商户或场景下消费）渗透率为 21.7%。

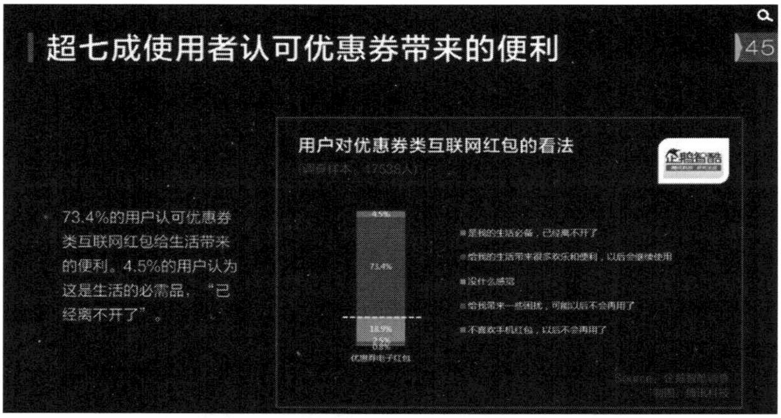

超过七成用户认可优惠券带来的便利　　　　（数据来自企鹅智酷调查）

在线上红包和优惠券出现之前，用户对产品内消费仅仅是一种满足用户需求的行为，而在有了红包和优惠券之后，产品内消费成为一种带有产品温度和用户情感的行为。

随着移动终端在普通用户中的普及，红包和优惠券已经成为普通老百姓生活中必不可少的一部分，尤其是随着各大互联网公司隔三岔五的红包大战，从红包的种类和用户规模来说，都呈现出另一种极具中国特色的消费特征。

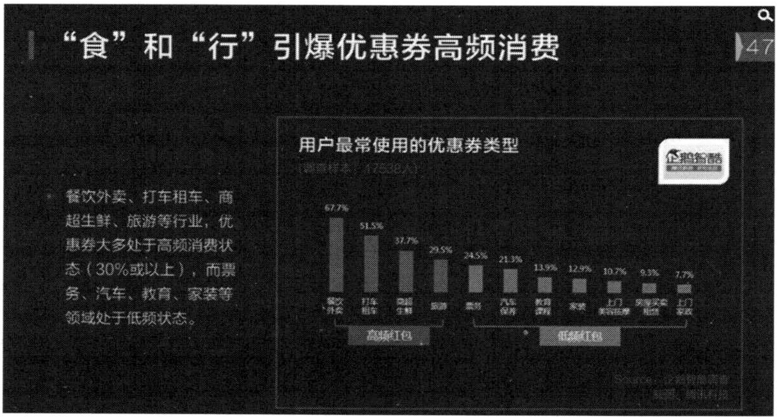

互联网优惠券高频使用场景　　　　（数据来自企鹅智酷调查）

据企鹅智酷《如何玩转红包营销？O2O优惠券前景研报》数据显示，90%以上的用户都分享过红包优惠券，其中87.1%的用户选择分享优惠券红包。

而在货币红包和优惠券红包两者的对比中，优惠券红包更加具备消费优势，在电商、线下支付等多种场景，优惠券红包的渗透率都要高于互联网红包渗透率。就产品而言，发放优惠券红包在获取用户方面的作用更大。

明白了红包对于中国人的独特意义，接下来的一节内容，我们会从多个角度来讨论，当一个产品决定给用户发放红包之后，它可以收回来什么。

用户增长小贴士

红包不仅是中国的传统特色，也是用户增长的中国特色。

3.2.2 发出去的红包如何收回用户

不管是货币红包还是优惠券红包，它们都是产品向用户发放补贴的一种形式，只不过双方在使用场景和用户的后续留存上有一定区别。

那么，在产品的拓荒期间，拿补贴能砸回来用户吗？

答案不可一概而论，但是补贴确实是产品拓荒期获取用户的一个重要手段。

1. 培养用户使用习惯，提高用户在新手期的留存率

互联网行业跟传统行业的一大区别就是，互联网多数是先拿钱圈住用户，再从留存用户身上赚钱。在“拿钱圈用户”这个阶段，互联网企业都有砸钱的觉悟，当有了海量用户之后，只要用户在后期产生的利润可以超过前期获取用户的成本，就是稳赚不赔的买卖。

从下面的公式可以看出，红包的作用就是通过提高用户留存率，来降低产品获取用户的平均成本，当获取总用户数不变的时候，用户在新手期的留存率越高，获取的有效用户数就越高，获取用户的平均成本就会越低。

平均用户成本＝(推广成本＋运营补贴成本)÷获取用户数

获取用户数＝获取总用户数×留存率

当获取用户的成本比用户在产品内所创造的价值小的时候，产品就可以取得盈利，从而获得更加持续性的发展。

多年前网上书店刚开始进入人们视线的时候，亚马逊、卓越网、当当网是网民购书的首选。截至2019年，“北上广”等一线城市的用户依然保持着较高的购买频次和客单价，据京东大数据研究院“2019阅读报告”显示：2018年，北京地区人均花费购书金额在124元以上，人均购书4本。上海地区的图书销量全国排名第2，人均花费购书金额在118元以上，人均购书超过3本。紧随其后的广州地区图书销量全国排名第3。购书销量同比增长达24％，人均花费购书金额在102元以上，人均购书超过3本。

与此同时，广大的读书爱好者却选择了“淡忘”当当网这个购书渠道，这与当当网的商品运营策略有很大关系：当当是以图书业务起家的，京东是以3C业务起家的，起初双方似乎井水不犯河水，但是当京东切入图书领域之后，很快通过优惠券红包和满减等活动，将当当网的图书业务甩到了身后。

2010年底，京东商城与当当网之间的图书大战正式拉开帷幕。当日“当当在图书供应商对京东进行封杀”，而京东宣布图书“直至价格降到零”。

随后，当当宣布斥资4 000万进行百货、图书等产品大幅降价，京东则宣布将开展8 000万元的促销。换到以前，这种图书价格战是不可能出现的，但是京东用3C的盈利补贴图书，使用优惠券红包的补贴形式，很快从当当的图书市场里切了很大一块蛋糕。

如果细说的话，其实当当有比京东图书更完善的用户消费习惯数据，但是当当却没有好好利用；在很长一段时间里，当当只是借助自己市场先入者的优势地位进行单一的用户获取，一旦其他市场进入者提前培养了更加符合用户利益的消费习惯后，当当网就会显得很被动。

2. 红包可以迅速占领市场，形成先发优势

当用户接触到几款不同的产品时，选择哪款产品往往会用看优惠力度的大小。这也是产品选择“来一波红包”的初衷。

但实际上，红包除了可以让用户很快熟悉产品之外，还可以迅速占领所在市场，将竞争对手的地盘压缩到最小，形成先发优势。

产品在进入一个新的市场时，一般都会满足用户之前从来没被满足过的需求，通过补贴建立产品的忠诚度之后，即使之后还有其他的产品加入市场，也很难打破已经形成的先发优势。还有可能通过规模经济和口碑效应实现成本优势。

2017 年 3 月 23 日，摩拜推出“红包车”，在地图上标注有红包车图示的即为红包车，骑红包车可获得 1～100 元现金红包，这是共享单车领域第一家推出红包车的产品。

摩拜的初衷是通过技术＋游戏的方式，激励用户以骑行红包车的方式完成任务、获得奖励，同时帮助调配车辆，实现不同时间、不同地域的车辆供给平衡。

摩拜红包车的功能推出后，马上吸引了大量的用户参与摩拜车骑行中。

ofo 红包车推送短信

直到同年 4 月 16 日，ofo 才上线“骑行领红包”的功能。

与摩拜单车推出的“红包车”几乎没有差别，用户打开 ofo 应用后，寻找带有红包标志的区域，在红包区范围内开锁骑行且骑行时间超过 10 分钟，距离达到 500 米即可获得现金红包。

在当月，摩拜和 ofo 两家公司位列“新消费 50 强 3 月榜”前两名，共享单车的市场基本被两家公司瓜分完毕。

标准排名 · 2017 年新消费 50 强排行榜（3 月）				
3 月排名	企业或品牌名称	3 月新消费指数	2 月排名	名次升降情况
1	ofo 共享单车	80.15	7	↑ 6
2	摩拜单车	79.81	1	↓ 1
3	华为	79.51	2	↓ 1
4	蚂蚁金服	78.41	5	↑ 1
5	顺丰速运	77.97	4	↓ 1
6	美图	76.48	6	—
7	闲鱼拍卖	76.01	9	↑ 2
8	京东商城	75.97	3	↓ 5
9	美团点评	74.77	8	↓ 1
10	饿了么	74.64	10	—
11	vivo	72.75	11	—
12	小米	72.31	12	—
13	携程	71.72	13	—
14	京东金融	70.89	16	↑ 2
15	天猫商城	70.21	14	↓ 1

共享单车市场份额

而在此之后，摩拜跟 ofo 又进行了多次的补贴大战。在这个过程中，双方还在不断地发红包，通过不断在用户身上投入成本，先是红包车，然后是免费月卡，加上打折月卡和优惠券等运营手段，慢慢的在用户群体中建立了很不错的产品口碑，用户规模也越来越大，直到把其他竞争对手完全挤出了共享单车的市场。

而其他在前期受到用户好评的共享单车，比如说 bluegogo 小蓝车，从始至终都没有开展过红包车和免费月卡的运营活动，到最后被挤出市场，也是用户自然而然地选择了。

在这个过程中，其实不用太担心红包发太多的问题，而要担心红包发不出去的问题。

换而言之，红包发出去的越多越好，用户占便宜越大越好，当竞争对手还在考虑要不要继续投入的时候，争取扩大已有的市场规模，把用户群体牢牢把控住。

当占有了一定比例的市场份额之后，竞争对手很难进入所属市场，即使红包补贴的力度有所下降，用户也对产品有了深刻的感知，不用担心在产品新手期所遇到的获客问题。

3. 补贴可以帮助产品迅速形成需求方规模经济，建立新的消费生态

发红包的初衷就是为了快速获取用户，那么在获取了大量用户之后，对产品本身的价值有什么用处，进一步说，这么多的用户对之后的产品生态有没有帮助？

答案是肯定的。

以色列经济学家奥兹·夏伊（Oz Shy）在《网络产业经济学》（The Economics of Network Industries）一书中提出了“需求方规模经济”的概念，意指互联网的产品价值会随着使用产品的用户数量增加而增加。当一个产品刚上线的时候，可以说这个产品是没有价值的，因为没有人用它；但是通过各种手段获取了足够的用户，那么产品就会有价值，继而会有更多的用户，产品也就会更有价值，这样就实现了需求方规模经济。

2018 年 7 月 26 日，拼多多在美国正式上市，在过去的三年里，拼多多的 GMV 超过 1 000 亿。达成同样的业绩，淘宝用了 5 年，京东用了 10 年。

拼多多取得如此规模的用户，其中一个原因就是价格上的物质需求。消费者因为产品的低价而愿意分享，比如一件商品一个人买要 19 元，在分享过程中，找到其他用户一起拼团买，价格就只有 9.9 元。

而微信的熟人关系让拼多多的需求方规模经济得到了最大化，当微信上的熟人都在使用拼多多的时候，它的产品价值也会随着用户规模的扩大而扩大。

一方面是情感上的社交需求，一方面是价格上的物质需求，两种力量的综合作用下，原有电商的竞争格局悄然被打破。

不管是拼多多这种另辟蹊径地让产品迅速到二三线城市的普通用户，还是像摩拜、ofo砸红包让用户骑起来，只要让产品很快地有人用起来，让产品本身有了价值，发出去的红包就永远不亏。

在形成需求方规模经济的基础上，如果可以基于自己的产品建立新的消费生态，那么得到的就不仅仅是红包换回来的用户，而是在相当长的时间里，由产品生态带来的持续用户。

以移动支付工具为例，现在已经成为区别于国外互联网产品的一大特色。在过去几年里，支付宝、微信支付、云闪付等支付工具从一线城市起步，目前已经覆盖了国内大部分城市，完全颠覆了中国人线下消费的支付方式。

支付宝最开始是淘宝的买卖双方在线上交易时使用的一种手段，但是在移动支付时代，用户的消费场景不仅局限于网购，也在海量生活服务的线下消费场景。

而在线下支付的消费生态打造中，支付宝就是用一点一滴的奖励金和佣金做起来的。在支付宝的线下消费场景中，主要分为三方面的用户。

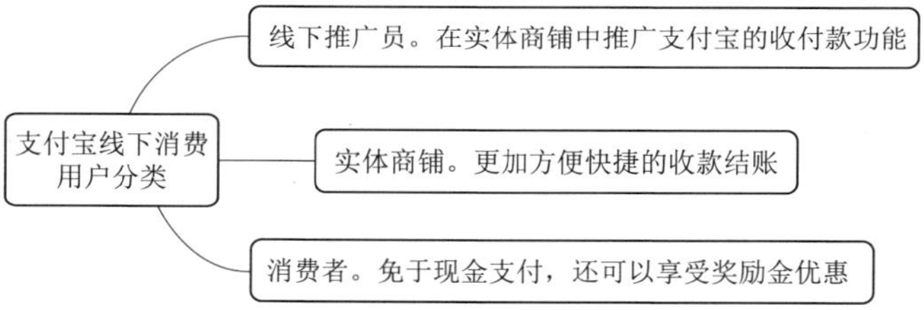

支付宝线下消费用户分类

推广员：推广员只要成功说服一家线下商户开通支付宝收款账户，可获约一百元不等的开户佣金。

实体商铺：商户可获得提现免费的长期政策支持，同时获得消费者买单扫码的奖励金。

消费者：消费者扫码后可获奖励金等消费优惠的活动福利。

据易观数据发布的《2018 年第三方移动支付发展报告》显示，支付宝以53.76％的市场占有率位列第一，包括微信支付、财付通的腾讯金融以38.95％的占有率位列第二。

现在的线下支付场景中，支付宝已经初步建立了属于自己的消费生态：线下商店消费可获到店返现，骑行共享单车可以抽奖，购买火车票和景区门票随机免单。当衣食住行各个消费场景都可以使用支付宝获得优惠的时候，用户自然而然地就会来了。

用户增长小贴士

如果红包补贴小于获客成本，那这笔买卖绝对是稳赚不赔的。

3.2.3 如何擅用产品设计和运营中的小细节

在本章的最后一节内容，我们来看一下产品设计和运营中那些看似多余的小细节。这些细节，我们在运营产品和使用产品的时候，可能都很少注意到，但对于普通用户来说，这些微不足道的细节，就决定了用户在新手期后的下一步动向。

在上面的章节中，我们介绍了宜人财富产品在用户完成第一单消费之后往往会通过新人满减券等形式进行，那么问题来了，对于普通用户来说，他们真的在乎这些吗？

还拿常见的互联网理财产品来说，除了满减券等方式外，最常见的就是增加利息和理财体验金。

拿宜人财富在国庆期间全场增加 1％利息的活动来说，这种方式给用户带来的认知是最明显的，因为只要使用了，肯定就有看得见的收益；但与此同时，使用了其实获取的收益并没有那么多。而且如果经常使用的话，会让用户认为平台上的产品应该是加息之后的定价，影响普通用户的判断。

体验金也是一样，在产品初期用户不熟悉产品流程的时候，给用户一笔体验金，可以让他更快地熟悉产品流程，看到产品收益，最后也能得到一笔小的收入，进而促进用户产生实际的用户行为。

宜人财富国庆全场加息活动

360财富体验金活动

以上两种方式都可以勾起用户使用产品的欲望，虽然其实到手的收益显得有点鸡肋，但用户对于这样的活动是非常感兴趣的，就算体验金到期后会被系统回收，在用户使用体验金的时间段里，他可以享受到被产品服务的感觉。不用花一分钱就可以体验产品，而且还有钱拿，这对于普通用户来说，诱惑力是非常大的。

这个时候，我们再来看看其他产品中常用的刮刮卡套路。

美团支付抽奖环节

支付宝支付成功抽奖环节

在支付宝、微信支付和美团支付等支付 App 中，支付成功之后往往都会有抽奖和刮刮卡的环节，支付宝常常会送出家乐福、当当等商家的优惠券，微信支付则会给出下一次支付的直减金额，美团支付则会给出话费券、外卖券等奖品。

这些奖品的价值其实并不算太大，比如支付宝的抽奖页面，只有三个图标相同之后才可以抽奖，抽奖得来的当当券常常也只是减免 10 元的优惠券，但用户对这个环节还是乐此不疲，为什么呢？

2015 年下半年，美团开始推广银行卡支付，用户将银行卡绑定至美团钱包后，可直接通过美团进行订单支付；与此同时，美团钱包充值功能开放。

经过四年的发展，美团支付现在已经同时支付用户和商家的支付收款行为，一方面用户可以通过美团支付、其他第三方支付方式（如微信支付、Apple Pay及银联）、信用卡及借记卡或网上银行账户转账等精心消费。另一方面，商家可以通过智能POS终端、小美盒子、美团二维码等支付系统完成交易。

而为了推广美团支付的功能，在美团App中，只要使用“美团支付”下单成功，即可抽奖获得酒店、旅游、美业等优惠券。甚至部分用户发现美团App直接折叠而取消了支付宝付款方式。

对于用户来说：

一是引导用户完成美团App主要功能的使用，用户反正无论如何都要完成当次支付，那么选择美团支付还能获得优惠券，一举两得，在无形中使用美团支付的功能。

二是以在福利社抽奖的行为提高了用户的使用频次和产品的DAU，用户如果想要抽奖获取优惠券，就必须打开美团钱包的页面，从而直观地向用户展示了美团钱包的产品功能，提高了用户黏度。

对于产品来说：

美团支付最早适用的场景是美团外卖，现在美团正在由高频的吃向生活服务品类的持续渗透发展，形成在外卖和团购基础上更加复杂的商业体系，包括娱乐、酒店及旅游以及许多其他生活服务。通过这种交叉营销，快速和高效地扩大消费者群体。

而美团支付在设置活动规则时，将活动奖品与产品功能结合起来，用户只有使用美团支付，才能获得抽奖机会，使用支付宝和微信等支付方式，是没有任何优惠活动的；而通过美团支付抽奖得到的优惠券，可以迅速地让用户自发地完成其他生活服务的消费。

但需要注意的是，不管美团支付如何发刮刮卡，“吃”依然是美团的核心业务。随着餐饮外卖业务的做大，外卖业务的毛利率也得到了明显转变：2015年的时候是－123％，到2017年已经由负转正，为8.1％。在围绕“吃”的核心业务上，美团支付不管是发现金券还是代金券，用户都是可以接受的。

综上所述，千万不要以为这些刮刮卡或者抽奖是不入眼的小伎俩，在获取用户方面，这些小伎俩往往会积淀出来很多的忠实用户。用户操作不麻烦，点击就可能获奖，在不知不觉之间，用户的习惯就这么养成了。

用户增长小贴士

即使用户明白幸存者偏差，但依然会不断地“上当”。

【案例分析】 奶奶扣：爱吃饺子的网络大V

很多人认识奶奶扣，都是在微博上寻找商品优惠信息的时候关注到的。作为微博上的优惠信息大V，奶奶扣的每天更新无数特价促销商品信息，带着一批人走上了省钱之路。

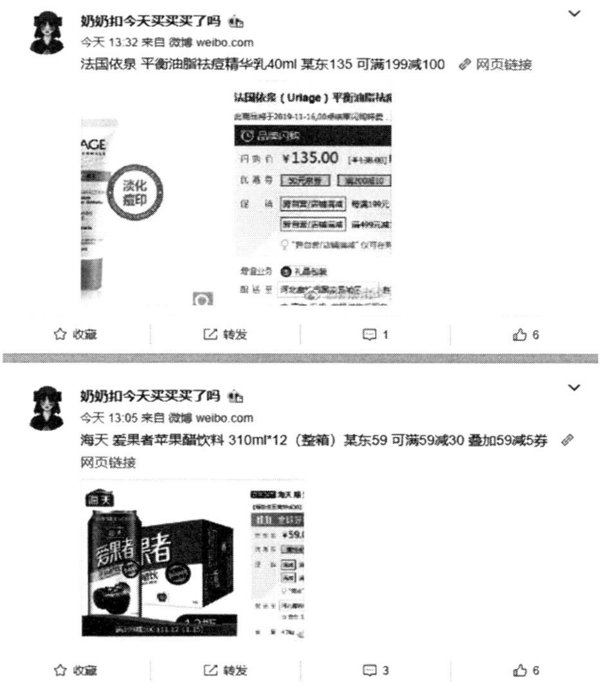

奶奶扣微博截图

用他的话来说就是：钱不是省出来的，节流和开源完全是两码事，但省钱确实能给人带来快感。

在一次产品新功能上线的过程中，我所在的电商项目组也上线了一系列优惠活动。为了让更多用户知道优惠活动，我们曾经在微博大V、豆瓣小组、55bbs、什么值得买等多家渠道进行了运营推送，而最让我们吃惊的是，最后转化率最高的竟然是来自奶奶扣。

在项目组内部，我们曾经进行了一次内部讨论：为何奶奶扣可以给我们的这次运营活动带来如此之高的转化率。我们分析了当时的目标用户画像，发现了一个很有趣的现象。

在我们上线的第一期商品专题中，我们臆想中的目标用户可能是学生和职场白领，但对于这部分人的消费能力和需求方向并不是很明确。

而在实际的成交订单中，我们也看到了这部分用户更多的消费特征：

年龄地域特征。15岁至18岁的女性用户，主要集中在一线半和二线城市。

产品需求特征。对于女性护理用品有科普种草②和消费购买的需求，希望在平台上购买产品以解决护肤、护发、女性保养等方面的问题。

交易行为特征。当网络上的KOL③可以用更加科学的方式推荐产品时，这部分用户会产生比较强烈的购买欲望。

购买频率特征。相对于一线城市更加发达的电商物流，这部分用户更加追求性价比，希望一次囤积更多的商品，也避免下一次没有合适的商品可以购买。对于红糖、酵素等近些年来炒作起来的概念，这部分用户的消费频率反而更高，而且在实际使用后都会有相对良好的使用观感。

---

② ［种草］种草指宣传某种商品的优异品质以诱人购买的行为，常见于微博、微信等社交媒体平台，泛指“把一样事物推荐给另一个人，让另一个人喜欢这样事物”的过程。

③ ［KOL］Key Opinion Leader，指拥有更多、更准确的产品信息，且为相关群体所接受或信任，并对该群体的购买行为有较大影响力的人。

关注商铺特征。除了性价比之外，这部分用户更加在乎产品的合格资质以及网络评价，所以作为一款新产品，用户的认可度还不如淘宝上的普通卖家。

对于物流的便捷性关注相对较少，部分用户的地址本来就比较偏僻，所以本身也没法保证时效性。

消费能力。客单价在30元左右的用户相对较多，一旦上升到100元以上，订单量就会出现明显下滑。

通过这次奶奶扣的投放结果分析，在之后的项目运营中，我们把目标集中在了二三线城市的女性用户身上。这部分用户具备一定的互联网认知能力，但对网易考拉等新兴产品还没有完全接受，乐于接受大V的观点意见，很容易形成线下的口碑传播，这为之后的定向投放资源提供了非常有利的帮助。

基于奶奶扣在过往历史中发布的大量有价值的内容，粉丝们已经对其发布的优惠信息产生了相对较高的信任度，即使在推广一个新产品时，粉丝们也会乐于尝试，这就是意见领袖在网络上的号召力。而当这部分粉丝在奶奶扣微博中反馈购买情况后，会有更多的粉丝基于从众心理重复产生交易行为，这为奶奶扣的下一次优惠信息做了良好的背书。

奶奶扣微博截图

在现实生活中，奶奶扣也是一个非常接地气的大V，因为经常会关注网络上的优惠信息，他自己家里也会囤下过量的日用品，“尽量买一些用得上的，比如洗发水沐浴露这些不囤，毕竟这种东西不是两三天就能用完的，现在只囤那种过了保质期也没啥问题的，比如卫生纸。”

这些优惠信息意外地戳中了很多粉丝的萌点，加上奶奶扣在微博上多次表达了对饺子的喜爱，所以大家都会称呼他为“爱吃饺子的萌扣”。

一般的微博淘宝客都是去寻找佣金力度比较大的商家进行合作推广，然后通过淘宝客进行佣金结算。所以每天会选择很多商家进行合作，如果每个商家都会成交几百几千单，对于微博大V的吸引力度还是挺大的。

但是奶奶扣至今还是不折不扣的选择适合消费者购买的商品，而不会为了获取淘宝客佣金而放下身段去推广劣质产品，在众多推广优惠信息的微博大V中，奶奶扣始终保持着中立不失客观的品位。甚至在2018年，他还推出了专门分享歌单的账号“奶奶扣今天推歌了吗”，定期给粉丝分享好听的歌曲，真的算是网络大V中的一股清流了。

之前也有人跟奶奶扣聊过商业化的问题，希望他借鉴其他网络大V的变现方法，但是奶奶扣始终将自己定位于一个“有个人色彩的商品推荐账号”，而不愿意被太多的商业化色彩所裹挟。

这种不愿过度商业化的态度当然会给奶奶扣的粉丝增长速度和收入带来一定的影响，但是也为奶奶扣奠定了一批忠实粉丝，跟其他白菜号博主的微博评论里清一色都是各种求推荐的情景不同，奶奶扣的微博评论里完全是大V和粉丝平等交流的情景，这大概也是奶奶扣不同于其他白菜大V的地方。

奶奶扣这种不商业化的态度当然也会让他自己在大V的路上显得与众不同，但是只要持续不断的输出优质内容，一样可以成为一个不违初心的大V之路。

第四章

成长期：不当家不知柴米贵

4.1 用户增长是一件考验耐心的事

4.1.1 用户增长期发展一般趋势

用户的新手期度过之后，产品算是能稍微舒一口气，至少不用担心没钱买服务器。

但是新手期过后的成长期同样是一件非常考验产品人员和运营人员工作耐心的事情，甚至这个阶段的工作没有新手期那么的激动人心，反而是一件慢工出细活的事情。

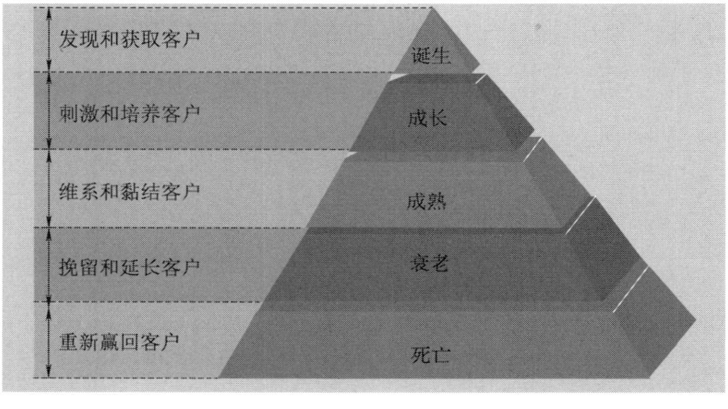

用户成长生命周期

一个产品在成长期的用户增长速度是否适当，首先要看的是产品中新老用户的结构如何。

在产品的成长期，我们要做的是快速地占领市场，让更多的用户知道你的产品；借助渠道和运营的力量培养用户的产品使用习惯，增加产品的活跃用户数。

所以这个阶段，用户增长的模式应该是：新用户数量不断增长，在增长期内保持相对的活跃；这期间可能会有用户停止产品使用，但新用户的增长速度需要超过用户的衰退速度。

平台活跃大部分由新用户拉动，等到用户数量达到一定水平后，实现新老用户之间的动态平衡。

但从互联网产品的快速迭代来说，产品成长期和成熟期之间的界限并不是那么明显。不管在成长期还是成熟期，产品的用户数量都始终处于持续增长中，只有到达用户峰值开始滑落的时候，才能明显分辨出产品是否进入休眠期。但这个现象在互联网产品中很少出现。互联网产品的用户或者是保持持续增长，停止增加就意味着产品开始走下坡路；或者是在出现用户数量下滑后，通过运营手段重新提升用户数量或者保持稳定，毕竟没有一个产品想让自己的用户这么快进入休眠期。

所以，互联网产品的用户成长期是一件非常考验耐心的事情，用户数量可能会呈现稳步上升的趋势，也可能会呈现波浪形发展的趋势。作为产品运营人员，要做的事情就是在用户的成长期内，不断发现产品新的增长点，建立起与其他产品不同的竞争优势。

微博曾经是中国互联网风光一时的明星产品，但是从 2013 年微信的迅速崛起开始，微博的光芒就开始慢慢黯淡，甚至有人觉得微博即将进入用户的休眠期。

据《2018 微博用户发展报告》显示，截至 2018 年第 4 季度，微博月活跃用户4.62亿，连续三年增长7 000万+；微博头部用户增至70万，同比增长37%；微博垂直领域数量扩大至60个，月阅读量过百亿领域达32个。

（头部用户：粉丝规模>2万或月阅读量>10万的用户）

微博的活跃用户实现增长的原因有很多，在一线城市之外的地方，很多用户娱乐方式不足，微博根据用户偏好挑选帖子，与数以百计的地方名人、电视台，甚至警方达成合作协议，请他们发帖。这些运营动作都让微博在这些地方获得了海量的活跃用户。同时微博还接入了超过500家MCN机构，月阅读量过百亿的垂直领域已经增加到了23个，头部用户阅读量的同比增幅也超过了55%。

在其他互联网产品把目光放在发达城市的时候，微博把产品深耕在了更加广阔的区域，让更多的用户可以享受到移动互联网带来的便利和娱乐。

4.1.2 用户增长期运营应做的事情

在用户的成长期，产品运营的重点是增加用户购买的数量和频次，让用户从成长期进入成熟期，成为产品的稳定忠实用户，这个阶段可以做的事情主要包括以下几点。

1. 覆盖产品用户的使用场景

一般来说，用户选择一个产品，大多是出于某一个细分的使用场景，比如选择美团外卖的初衷，往往是在订外卖的时候才会想起来。

但实际上，随着产品的用户数量逐步增加，用户希望在产品中得到满足的需求也会越来越多，加上在产品上线的初期，大多会推出一个核心卖点，也无法顾及用户成长期的更多需求。所以在这个阶段，就需要覆盖更多的用户场景。

虎扑社区现在已经是国内最大的体育垂直论坛，囊括了NBA、CBA、足球、F1等多方面的体育内容。

虎扑社区板块分类

但是虎扑在发展早期，其实板块很少。当时各大门户网站的体育报道专业度也不够，各类体育论坛则长期陷入低水平的口水之争。

虎扑创始人程杭利用翻译+整理的“新闻与流言”，在虎扑论坛上发布集专业性和趣味性于一身的体育资讯，吸引了虎扑最早期的一批用户。这个阶段属于虎扑社区的产品新手期。

之后虎扑社区吸引了很多身居国内国外的优秀球评者，贡献了诸多与篮球技战术、NBA 历史、NBA 即时战况、联盟运营、大学篮球及选秀等相关的干货，用户数量在这个阶段也开始迅速增加起来。

伴随着用户的增加，虎扑也开放了更多的体育板块，以及很多跟体育无关的板块，如音乐区、游戏区、动漫区等。

以步行街为例，这其实是一个类似大杂烩的版块，但是又代表了虎扑社区用户最大的特征——直男。

现在你可以看看虎扑社区的 slogan，已经变成了不只是体育。

2. 善用向上营销和交叉营销，鼓励用户进行多品类购买

向上营销指用户在考虑购买一件商品时，平台根据商品标签向其推荐更加高档的同类产品，以实现用户在产品内部消费更多的目的。

而交叉营销则是指用户在已经购买某件商品之后，平台向其推荐相关的配套商品和服务。

这种搭配销售在国内的电商平台上已经是常见的套路，主要分为免费和收费两种方式。

免费的方式指用户在购买商品之后，附赠售后服务、技术支持等服务内容，用户不需要付出更多的代价，但可以享受到更多的商品服务。

比如在电商平台购买商品之后，商家往往会附赠一系列的售后服务，包括7天无理由退换服务、VIP会员服务、品质保障服务等，这些服务看起来没什么用，但对于用户来说，他们会觉得这款产品物有所值。

收费的方式则更多出现在用户购买商品之后所必须购买的其他商品，比如你在电商平台上购买手机之后，常常会面临屏幕破碎或者质量不佳等问题，这个时候，京东等电商平台往往会提醒你购买碎屏险，或者原厂保修两年的服务。

相对于手机损坏之后进行二次维修，交叉营销给用户提供了更多商品的保障。

同样的，在购买手机之后，还需要购买手机外壳、贴膜、数据线等其他配件，电商平台也都会及时给用户推荐商品，促使用户达成交易。

在用户成长期，促成用户达成更多交易是非常有必要的。数据显示，用户如果在电商平台完成10次以上的交易，对于平台和产品的留存率会显著提升。这一点其实非常好理解，用户再去寻找新的平台和商品都需要付出时间成本，如果在一个平台产生10次以上的交易，那么这个用户大概率之后也会在这个平台上继续交易。

所以，在用户的成长期，向上营销和交叉营销的主要方式就是产品相关推荐和运营活动促成，通过用户在产品内的行为动向，向其推荐可能会购买的商品、可能会关注的达人、可能会观看的视频，以产品功能和运营活动为辅助，促使用户完成在产品内的多次使用，稳定用户的成长期。

3. 根据用户不同特点进行产品功能和活动的策划

在用户的成长期，产品已经有了一定的规模，这个时候势必就要根据不同用户群体进行针对性的运营。相对于用户生命周期这种大方向的用户划分，用户分群的颗粒度明显要更细。

比如同样是在用户的成长期，有的用户每天登录 App 但是一言不发，有的用户每天在 App 里发言但是不产生购买行为，有的用户偶尔购买，有的用户经常购买。对于这些用户而言，不同的产品功能和运营方式决定了他们能不能给产品贡献收益。

成长期的用户分群主要可以分为以下几个方面。

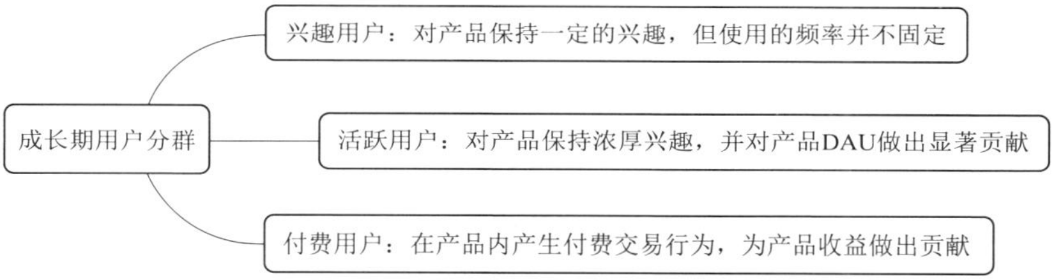

成长期用户分群

兴趣用户：用户对产品保持一定的兴趣，但使用的频率并不固定，当出现其感兴趣的东西，才会产生用户行为。对这部分用户需要使用不同的运营方法，提高他们使用产品的频率。

活跃用户：这部分用户是产品 DAU 的保证，商家要做的工作相对比较简单，只需要通过对内容的长期持续运营，让用户使用产品成为每天的习惯。

付费用户：在活跃用户之外，付费用户是产品能否盈利的关键，运营人员要做的是让单次付费用户变成多次付费用户。多次付费用户可以稳定付费频率。

结合成长期的用户分群以及通过数据分析得到的用户画像，分析成长期用户各个分群之间的实际用户行为有什么差别，比如活跃用户为何无法转化为付费用户，兴趣用户跟活跃用户的用户属性是否存在差别，针对这些原因和差别，可以从产品和运营方面做出什么改善。

一般来说，产品和运营双管齐下的效果是最明显的。运营策略的调整可以更快地刺激用户行为的转变，而产品功能的调整则可以长期改变用户分层的结构。

比如在知乎等社区分享类产品中，为了提高活跃用户的比例，运营人员可以增加用户感兴趣话题的推荐力度和频率，将更多有价值的回答推送给用户，将兴趣用户逐步转化为活跃用户；而产品则可以通过 Live 功能的不断完善，推出更多私人定制化的付费咨询业务和 Live 专场，更好地满足用户对知识分享的需求。

据 Facebook 财报显示，2019 年第一季度，Facebook 月活跃用户和日活跃用户分别达到 23.75 亿人和 15.62 亿人，用户增长最快区域在印度、印尼和菲律宾，也就是说 Facebook 在印度的活跃用户增长数甚至超过了在美国本土，这与 Facebook 在印度本土进行的定制化运营和产品策略是不可分离的。

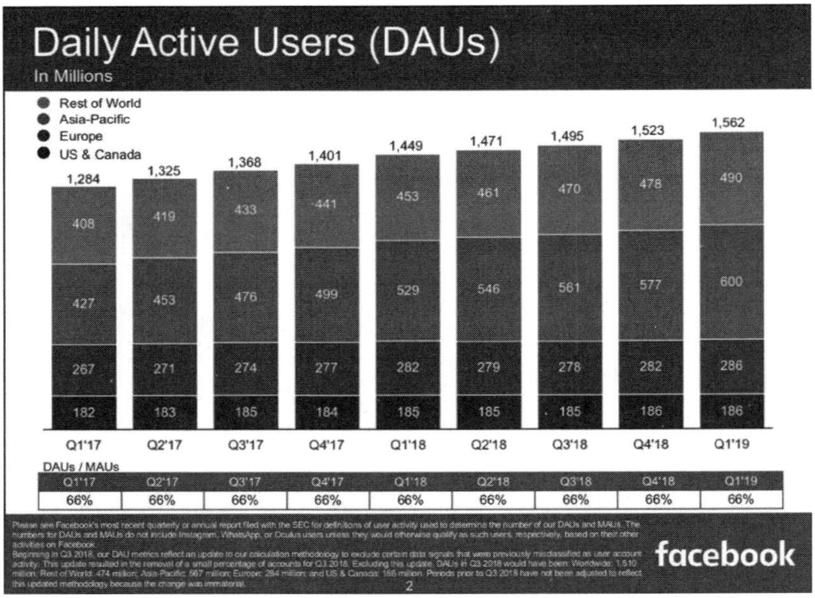

2019 年第一季度 Facebook 用户数

印度的大部分用户还停留在功能机时代，其用户在日常生活中的主要特征表现为流量少、上网慢。Facebook 为了发展印度市场，定制化地推出了印度版的 Facebook Lite，从图片大小、产品启动、离线下载等方面优化产品的使用体验，确保印度人民在网络差的条件下，也能很好地使用 Facebook，且控制在很少的流量范围内。

同时 Facebook 在当地为印度人民推出 Express WiFi 服务，与印度当地的运营商、互联网服务提供商以及当地企业家洽谈合作，帮助网速慢的区域更加顺利地接入互联网。

在运营方面，Facebook 平台在印度普通网民中进行精准定位，与用户进行实时互动，以平台社交的方式获取、吸引目标用户群，在印度网民中很快树立起扁平化的亲民形象，并获得了海量的活跃用户。

用户增长小贴士

如果你想给产品带来用户，首先你得学会有耐心。

4.2 从短信到通知栏，再到微信公众号

在互联网产品的历史上，在如何让用户及时获悉产品的道路上，其实已经走了很长的路，不仅有技术方式的变革，还有新老用户对产品认知程度的变化。

那么，对处于成长期且较为熟悉产品的用户来说，产品需要如何刷存在

感呢？

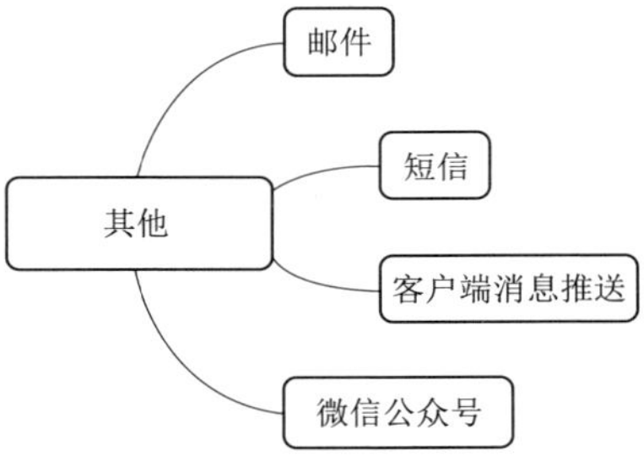

产品通知的渠道

首先，我们来简单梳理一下，从产品通知这件事情以来，都用了哪些渠道。

1. 邮件

在PC互联网时代，除了在门户网站上投放横幅广告之外，很多产品都是用邮件来提醒用户产品的新动态；甚至在今天，LinkedIn领英等网站还是会定期向用户发送好友的动态，让用户时刻保持对产品的关注。

但是发邮件也是讲究技巧的，毕竟现在大家看微信消息还来不及，更别说有时间去仔细看一封邮件了。

一般来说，邮件的标题和内容有吸引力，才会让大家有兴致从邮件进入产品。由于不同邮箱可以展示的邮件标题字数以及图片大小都是不同的，所以好的邮件标题应该能让用户第一眼就有点进去的欲望。

比如6pm.com等电商网站，往往在邮件标题中简单扼要的说明本次活动的亮点所在，如“Up to 50% off Fall Colors!”“VIONIC up to 40% off + adidas and more!”，根本无须太多花哨的词语，用户也会在看到折扣的第一时间点进去。

知乎等知识社区网站，往往会在标题中以有趣的方式说明最新的选题和社区内容。2018年春节期间，知乎向用户发送的邮件标题是“过年了，这是一份来自知乎的春节通关攻略”，打开邮件之后以长图的形式罗列了春节期间有什么值得买的年货，有什么好做的家常菜，甚至如何去对象家的攻略，等等，让广大用户非常有打开 App 阅读的欲望。

知乎 2018 年春节通关攻略

2. Push **推送**

在移动互联网中，App 的推送消息已经大大取代了邮件的地位，与登录邮箱、点击邮件标题、浏览邮件内容的操作步骤相比，直接点击 App 的推送消息明显要简单不少；尤其是在处理时效性比较强的活动和消息时，Push 比传统的邮件有更大的优势。

同时，Push 可以根据用户画像实现精细化运营，通过不同区域、年龄、消费水平等用户特征，可以将消息推送给对应的用户，通过长期的数据积累，实现不同的用户看到不同的 Push 内容。

例如网易云音乐等 App 现在的主页面已经有“个性推荐”功能，通过用户历史的听歌记录，判断出用户喜好对应的标签，推送用户喜欢的歌手和歌曲。

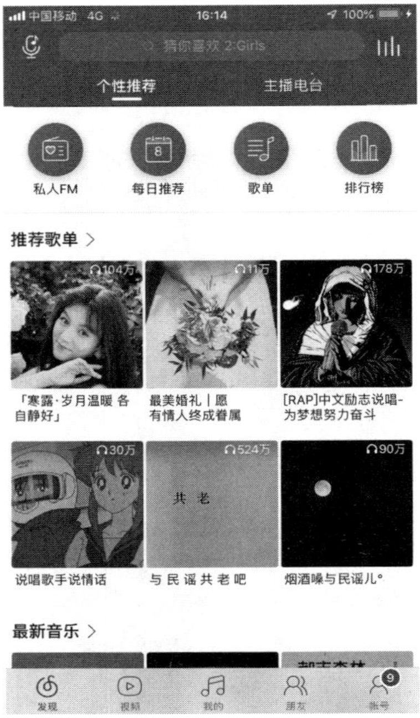

网易云音乐个性推荐

在使用 Push 推送时，需要注意的是尽量避免推送用户反感的内容，毕竟现在 Push 已经成为部分用户使用产品的负担，当用户看到标题党或者自己不感兴趣的话题，极有可能关闭 Push 功能或者直接卸载 App。

《纽约时报》的 App 通过不同形式的客户端的个性化 Push，比如根据读者的阅读历史来定制内容。如果你阅读了大量《纽约时报》的政治性文章，那么算法就会认定最近有关 Donald Trump 的最新报道会合你的胃口。

比如，《纽约时报》还基于时间和语言为不同用户进行推送测试。当美国总统奥巴马把阿拉斯加州的麦金利山峰重新命名为德纳里峰时，《纽约时报》只把这条新闻推送给了处于阿拉斯加所在时区的人们。

而当《纽约时报》报道哥伦比亚的两对双胞胎时，它为在移动端选择西班牙语为阅读语言的人群推送了一条该篇报道的西语版。Phelps 说，这一部分人比收到英语文章推送的人的反响更积极。

除了个性化推送内容，它也在尝试使用“较为随意”的非正式语言风格，来让自己的报道脱颖而出。比如，《纽约时报》在周日推送了一条内容，预告即将面世的周末补充版《纽约时报杂志》。这条推送写道：“星期天快乐！您的《纽约时报杂志》已经准备好啦！”

数据显示，只有千分之二的用户对《纽约时报》的推送方式感到不满意。

这种个性化推送极大地避免了全量推送带给用户的骚扰，反而会让用户很关注下一次推送的内容，提升用户活跃，增加用户在成长期的时间。

3. 短信

短信跟 Push 一样，也要尽量做到个性化，根据用户在成长期的用户行为来发送。但是随着移动互联网的迅速发展，短信虽然仍然可以保证极高的到达率，但是打开率已经大大建降低了。

首先来看短信的到达率，好的短信服务商，比如蝶信、漫道等服务商都可以达到 90% 的到达率，而差的短信服务商则表现很不稳定。以每次发送 100 万短信为例，1% 的差距就决定了 1 万个用户能不能看到这条短信。

其次再看短信的打开率，短信的打开率主要跟以下三个方面相关：

短信的精准推送跟 Push 的精准推送相类似，核心在于给用户呈现对应的短信内容。比如：给经常购买母婴用品的用户推送对应的产品信息，给历史浏览娱乐新闻的用户推送明星动态，给经常吃川菜湘菜的用户推送附近的川菜馆等。

反之，如果用户之前购买的都是母婴用品，当平台上有新的 3C 促销活动，这个时候给用户发短信，用户极有可能会不领情。

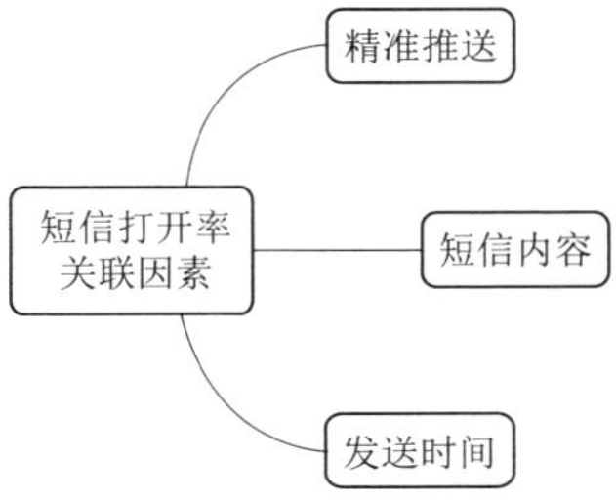

短信打开率关联因素

短信内容看起来简单，但实际是一件非常值得琢磨的事情。如果用户在看到短信的第一时间无法产生兴趣，那么这次推送基本就算无效了。一则好的短信文案可以大大提高打开率，但是从目前来看，做短信文案的运营应该是越来越少了，一方面，大批量的短信下发需要给短信服务商不小的费用；另一方面，出于短信安全等考虑，用户的短信打开率已经远远不及微信。

最后看短信的发送时间。对于成长期的用户来说，最好选择他们有时间看短信的时间来发送。比如一周中的周三和周四，经过了周一和周二的忙碌，大家在这几天可能有时间点击短信；再比如一天中的下午下班时间，很多用户都在下班途中，无聊的时候可能会打开短信内的链接。

4. 微信

截至 2019 年 1 月，微信及 WeChat 的合并月活跃账户数增至约 10.98 亿。微信小程序、公众号及朋友圈等功能保证了微信用户使用时长的持续增长，凭借着微信庞大的流量支撑，微信每天对产品内容的吞吐量非常骇人。

据清博指数数据统计显示：2019 年 1 月，全国排名前 25 的公众号中，除了人民日报（rmrbwx）、新华社（xinhuashefabu1）、央视新闻（cctvnewscenter）等官方媒体之外，丁香医生（DingXiangYiSheng）、占豪（zhanhao668）、十点读书（duhaoshu）等公众号同样表现不俗，如果把这些公众号作为一款互联网产品的话，那么它现在正处于高速的成长期。

对于其他产品来说，可以借助微信公众号内容倒流来保持用户长期的关注度，毕竟微信作为用户每天都要使用的超级 App，在微信公众号给用户发消息，要比诱导用户打开 App 方便得多。

（1）好的文章标题是成功的一半。

与邮件相同，微信用户在阅读微信文章之前，首先看到的是图文消息的标题。因此好的公众号文章标题在读者决定阅读的过程中起着决定性作用。比如在标题中增加“深度好文”“必看”或“推荐”等文字，用户出于本身的好奇心，会促使对文章进行点击阅读。

再比如，使用带有悬疑类的标题用户也会有比较高的点击欲望，摩拜单车的公众号日常推送的文章标题经常是“低价畅骑 180 天，要下架了，快……”“拆了自行车，竟然发现……”，这种话说半句的标题会让用户欲罢不能地点击进去。

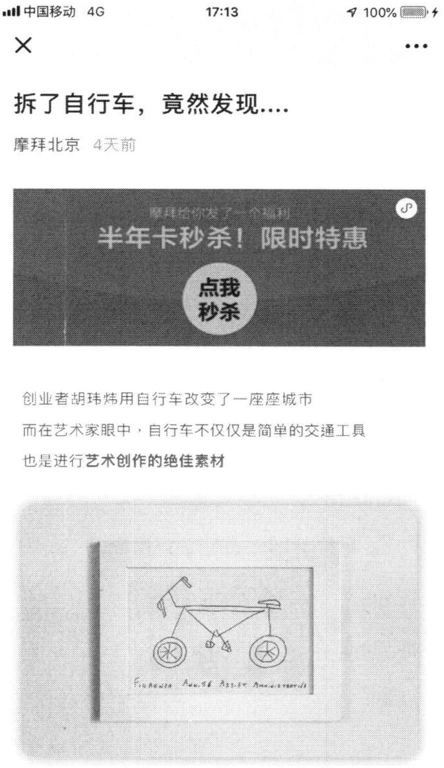

摩拜公众号标题

(2)好的头图是用户是否点击的另一半。

在标题之后，用户注意的就是头图。从运营人员的操作层面来说，头图在被微信后台裁剪之后，一定要保证图像的清晰和不扭曲，在符合文章标题的前提下，尽量做到有自己的风格，或风趣幽默，或极有格调，或轻松温暖，只要配合文章标题显示出文章的辨识度，就可以促使用户进行点击。

(3)好的内容是用户能否转化的最后一步。

微信公众号的文章如果想要形成大范围的传播，主要是通过引发用户共鸣或者贩卖焦虑。

引发用户共鸣的文章大多数跟现在人们的生活节奏、职场生活、日常生活、追忆过往以及浪漫主义相关，比如那篇《那个在西雅图偷飞机的年轻人》，其实文章主要写的就是一名机场人员偷偷驾驶飞机，而且从未想过可以生还，就毫不犹豫地起飞了，但是这个有点愚蠢的行为还是唤醒了很多人在忙碌过程中对于理想主义和浪漫主义的向往。

而贩卖焦虑的文章在微信公众号里可能更多一些，这把双刃剑可以让你的推文轻松获得10万以上的阅读量，也可以很快陷入内容和情绪表达的怪圈。

2018年摩拜单车被美团收购的时候，一篇《摩拜创始人套现15亿背后，你的同龄人，正在抛弃你》的微信文章开始在网络爆红，标题和内容都切合了目前职场人士非常严重的焦虑症，触发了很多上班族在996工作制和阶级突破方面的担忧。

善熬心灵鸡汤的咪蒙在此之后打造了若干贩卖焦虑的微信推文，却最终把自己也送入了账号被封杀的窘境。所以贩卖焦虑这种事情主要靠“借势”，借到了好的东风就能扶摇直上，但如果靠“造势”，则有可能会适得其反。

(4)发微信也要看时机。

与短信类似，微信公众号的推送也讲究时间，在大部分公司，都有专职的微信运营人员来负责公众号的推送，按数据效果来看：

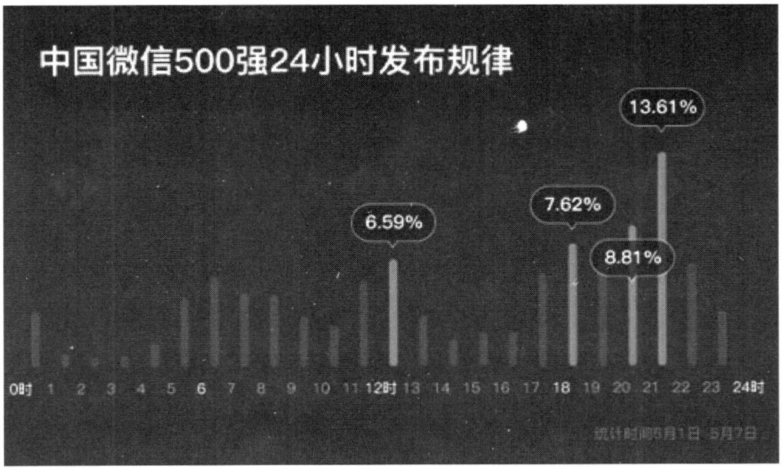

微信公众号发布时间规律

21:00—22:00是10W＋文章推送最密集的时候，也是分布比例最高的时间段，是效果最佳的微信公众号推送时间。其次是19:00—20:00以及22:00—23:00。这2个时间段数据比较类似，虽然推送文章数量排在整体占比前4名以外，但是10W＋文章的分布比例却都在前4名以内，这个时间段内的用户大多是在下班路上或者晚上睡觉之前。然后是20:00—21:00和7:00—8:00，这两个时间段的阅读效果也是相对不错的。

这几个时间段里，用户大多处于上下班途中或者睡觉之前，有较多的闲暇时间进行微信公众号的阅读。

用户增长小贴士

用户运营无小事，消息推送就是看起来再小不过的事情，但这些小事足以为产品源源不断地带来用户。

【案例分析】 一次消息推送引发的群体狂欢

2018 年的双“十一”购物节是阿里巴巴举办的第十个“双十一”，天猫全天成交额突破 2 000 亿元大关，达到 2 135 亿元；京东在前后 10 天的时间段里销售额达 1 598 亿元。

这些销售额的背后是双“十一”期间的电商运营支撑服务，仅 11 月 11 日当天，全球的消息推送总下发量就高达约 232 亿条，是 2017 年双“十一”期间消息推送量的两倍之多。

从 2018 年 11 月起，几乎所有用户每天都会收到大量的电商促销短信，数据统计，从 11 月初到 11 月 10 日，每天的消息推送量都在 200 亿条左右，在 11 月 11 当天，消息推送量超过 230 亿条，而这个数字在 2017 年还是 110 亿条，在 2016 年只有 60 亿条。

不仅是消息推送的数量产生了翻天覆地的变化，消息推送所覆盖的地区也从最开始的国内增加到了全球 200 多个国家和地区。

国内的电商不仅将业务范围覆盖到了国内的各大省市，也覆盖到了越南、泰国、马来西亚等国家，让全球范围的用户都可以通过消息推送接收到双“十一”期间的购物优惠。

随着移动互联网及 App 的普及，消息推送已经不能按照早期的全量推送“胡子眉毛一把抓”，而是需要根据用户实际情况进行精准化推送，从用户画像及推送统计等多方面进行时间、内容和频次的设计。

比如用户画像就包括了属性标签、兴趣标签、场景标签等数百种字段，每家电商都有自己不同的数据库和计算模型，根据用户之前在平台内的购物记录进行更加精准的用户画像，从而为用户进行个性化推荐、动态价格等服务。

在 2018 年双“十一”期间，淘宝在一线城市和二、三线城市都进行了针对性的消息推送和优惠券发放。在全国 800 多个县市级地区中，26%的用户位于二线城市，24%的用户位于三线城市，42%的用户位于四线城市，这些用户与一线城市的用户在消费品类、消费金额和消费频次上都有着很大的区别，为这些用户进行对应商品和优惠券的推送，有效地提高了这部分用户在淘宝上的消费频次。

再比如推送统计，之前的推送统计仅可以反映用户在点击推送消息到最后成交之间每个步骤的转化率，而现在的推送统计不仅可以分析出来之前用户行为的种种特征，而且可以预测用户之后的消费行为，从而为其推送可能感兴趣的商品，提高用户在产品内的留存率。

具体来说，双“十一”期间大规模的消息推送之所以让这么多用户同时产生交易行为，主要是从以下两个方面展开的：

(1)唤醒沉默用户，提升淘宝客户端的留存率。

双“十一”之所以是所有淘宝用户的集体狂欢，是因为它把很多一段时间没有发生交易行为的用户重新唤醒。例如在双“十一”来临之前，淘宝通过客户端推送和短信推送，向用户推送了红包雨的消息；在 11 月 1 日到 11 月 11 日期间，在淘宝或者天猫 App 中，搜索的红包会场抽奖后分享给好友，可以获得宝箱，最多可以获得八个宝箱，双“十一”当天就可以开启这些宝箱得到实物购物券，这样的消息让用户很容易产生搜索红包宝箱的欲望。

再者是主动提醒用户，让本来活跃的用户保持持续活跃，这一点比第一点还要简单一些，对于活跃用户来说，消息推送是一件锦上添花的事情，这样他们就不用再去看有什么值得参加的活动，而是直接转变成了客户端的活跃用户。

(2)提高用户客单价，让用户行为更有价值。

用户在淘宝客户端的使用过程中，付费的原因无外乎以下三种：

一是刚性需求。用户对某一商品有刚性需求，通过延迟消费或者提前消费，在双“十一”进行购买。

二是打折促销。用户在淘宝上看到商品打折促销信息，觉得商品值得购买，从而在双“十一”产生消费。

三是自然周期。用户周期性的商品购买，比如换季时候的服装购买，定期的日用品消耗购买。

那么，如何在用户付费的过程中提高他们的客单价呢？

首先来看刚性需求，很多用户都会选择在双“十一”进行手机电脑等商品的购买，或者囤积大量日用品。淘宝只需要告知提醒用户这些必需品正在做活动，用户几乎不需要跟其他电商作对比，就会选择购买。

而打折促销可以做的运营活动则相对比较多，2018年双“十一”期间，淘宝推出了购物津贴满400减50，并且通过客户端进行全量的消息推送。这种促销活动看起来力度是相对比较大的，但同时也保证了使用购物津贴的用户每一单的最低价是350元，这就大大提高了用户在淘宝内花费的金钱。

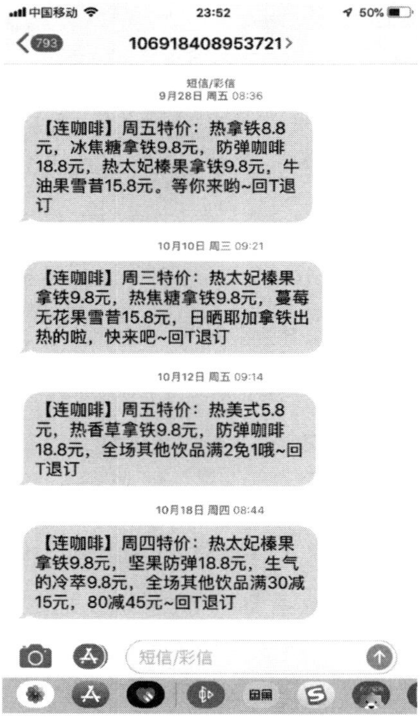

连咖啡短信推送

其次是自然周期，这一点在连咖啡的推送上展示得更加明显。对于购买过连咖啡的用户，连咖啡会在每周的打折日里给用户推送消息，直接促使用户下单消费。虽然同时面临着咖啡码头、星巴克、瑞幸咖啡等市场竞争对手，但是通过消息推送各种营销活动，连咖啡的日配送量稳定在10万杯以上，是中国咖啡市场中不可小觑的力量。

再次，如何做好一次用户喜欢的消息推送，我们还是以淘宝双“十一”的消息推送打比方。

(1)个性化。根据用户不同的用户属性进行消息推送，以男女用户为例，男性用户在双“十一”期间更加倾向于酒类等商品的消费，而女性用户则倾向于化妆品、衣装鞋帽等商品的消费。对于不同属性的用户，推送不同领域的商品信息，刺激用户进行消费。

男性用户短信推送

女性用户短信推送

(2)规模化。这里所说的规模化是建立在用户线上消费的基础特点上，比如说几乎所有用户都不会错过领红包的消息推送，这种就可以尽可能大范围的提送给用户；而喜欢 H&M 的用户大概率也会喜欢 Zara 等快消品牌，所以可以对 H&M 的用户进行更加规模化的快消品牌推送。

(3)精准化。在规模化的基础上，避免滥发消息推送引起用户反感，移动互联网的用户是非常难以讨好的，一旦消息推送引起用户不适并关闭手机上的消息通知权限后，以后再精彩的消息推送，用户也都看不到了。

第五章

用户活跃，用户活跃，还是用户活跃

5.1 尽量延长用户的“青壮年”期

5.1.1 如何从技术和运营两方面延长用户的成熟期

用户在经过增长期之后，会逐渐进入缓慢增长的时间段，这个时间段一般来说都是产品发展一段时间之后自然而然发生的，对此其实并不用惊慌。

在互联网世界里，没有一款产品会始终保持增长期，而是度过新手期后，进入快速增长期，然后顺其自然地进入成熟期；经过产品人员和运营人员的工作，再次进入第二次增长期和成熟期，通过交替出现的增长期和成熟期，推动产品阶梯状的向前发展。

如果说增长期的目标是为了迅速获得大量的用户，那么成熟期的目的就是给存量用户提供更好的服务。比起增长期阶段“不择手段”地拉用户，成熟期需要让用户在产品中沉淀下来，建立成熟的用户体系，加强产品运营对用户的吸引力，将存量用户的活跃带动起来，为下一次的增长期做储备。

经过增长期的用户反馈，产品已经收集了足够多可以改善的地方，所以在产品方面，需要进一步覆盖用户的使用场景，进行新功能的设计或者是已有功能的优化，提升用户体验。

在技术方面，需要进行代码优化和架构优化，为下一轮的增长期做准备。

在运营方面，需要培养存量用户对产品的使用习惯，在新增用户不明显的同时，存量用户数量不下滑。

网易考拉于2015年初上线公测，经过4年多的发展，已经成为网易集团的战略级产品。在网易考拉的发展过程中，度过新手期之后，网易考拉是如何在增长期和成熟期之间交替成长的呢？

前期的V 1.0.0—V 2.5.0版本。

产品方面：主要完善电商产品的主要功能，如物流追踪、在线客服、实时搜索等功能。

界面方面：通过优化界面、导航，更好地展示品牌信息、商品内容，提升用户的使用感受。

运营方面：通过促销活动，分享优惠活动，拉取新用户。

商品方面：网易考拉不断地增加商品品类，和更多的海外品牌合作，为用户提供更多的商品选择。

随着网易考拉进入增长期，前期的一些问题也不断暴露出来，随着用户数量的不断增加、市场需求的变化、运营体系的完善，网易考拉对功能模块变更的需求越来越频繁，不仅仅基础资源管理越来越复杂，脚本化的应用层部署和管理也已经远远跟不上需求。因此，网易考拉从产品功能方面和运营方面，都对产品进行了升级，在增长期和成熟期之间取得了良好的平衡。

后期的V 3.0.0—V 3.8.0版本。

产品方面：推出社区功能，帮助用户分享产品体验、互相种草，调动用户的积极性。增加直播功能，向用户展示世界各地的优质商品和生活方式，促进用户进行消费。

运营方面：运营人员通过社区和直播功能，可以进行内容运营和用户运营。

在这个阶段，网易考拉每天的更新频次上限由最开始的每天 2 次升级到每天 112 次再上升到每天 723 次，并发访问支持由网易考拉第二版的每秒 2 600次提升到了每秒 16 000 次。

所以平台期的产品改善，主要目标是服务好现有的老用户，提升现有老用户的活跃度，并从系统稳定性和产品体验方面，为下一个爆发期做产品准备。

可以看到，在网易考拉的成熟期，在服务好老用户的同时，网易考拉不断完善产品功能和运营模式，为用户进入下一个爆发期奠定了良好的基础。

5.1.2 不同类型的产品如何延长其成熟期

同时，有一个有趣的现象值得我们注意，那就是在产品和运营之外，网易考拉在商品品类的增加上，是下了很大血本的，这就涉及了下一个问题，对于不同的产品，如何延长用户的成熟期呢？

比如网易考拉作为电商平台，今日头条作为内容平台，两个不同的产品类型，需要从哪些不同的方面来驱动用户留下来呢？

1. 电商产品

作为一款电商产品，商品的品类和价格永远是吸引用户的首要因素。

用户可以在平台上找到想要的高质量产品，并且在使用过程中得到及时的售后，就会选择这个电商平台。而优惠券红包和现金红包只能是增加用户留存的运营手段，并不能长期地将用户留在电商平台上。

所以对于电商产品而言，延长用户成熟期的最好方式就是：物美价廉、完善售后、快速物流。

2. 内容型产品

接下来我们看一下今日头条、百家号等内容性产品。在这些平台上，用户最想看到的是什么？自然是高质量的内容。这也是今日头条在发展的过程中，不遗余力地去知乎等高质量平台上挖大 V 的缘故。因为只有高质量的内容才可以让用户在平台上留下来，让用户持续稳定的使用产品。

今日头条作为内容分发平台，从产品上线的第一时期就非常注重高质量内容的产出。在 2015 年 11 月底，今日头条推出“千人万元计划”支持原创，这在当时是互联网行业内的一次大手笔投入，引发行业密切关注；之后 2016 年的“10 亿扶持短视频”，2017 年的“千人百万粉”，都让今日头条这款产品迅速从“少年期”成长到“青壮年”。

头条号「千人万元」计划介绍

头条号 2018-02-27 14:53:30

「千人万元」计划是什么：

「千人万元」计划，是头条号平台于2015年9月推出的优质原创作者激励计划。该计划将扶持1,000个头条号个体创作者，让每人每个月至少获得1万元的保底收入。该计划至今已运行两年，仍在不断吸纳新的签约作者。

「千人万元」计划申请条件：

1. 开通头条号满90天；
2. 注册类型为「个人」；
3. 已开通「图文原创」功能；
4. 过去3个月，每月发布「原创」文章不少于10篇（不含申请当天，往前每30天算一个月，需要每个月分别满足发布「原创」文章不少于10篇）；
5. 无抄袭、发布不雅内容、违反国家有关政策法规等违规记录。

头条号千人万元计划

不仅是今日头条产品，腾讯天天快报、百度百家号、一点资讯等内容平台在内容产出方面，也都非常看重“原创”和“首发”的重要性；并根据内容创作者原创数量和首发数量，提供专属标签、内容保护维权、流量倾斜等权益。

公告 | 图文「原创」功能升级为「原创」和「原创首发」

百家号 2019-04-17

亲爱的百家号作者：

百家号原创图文首发功能即将于4月17日上线！平台鼓励作者首发优质原创内容，并为图文首发内容提供专属标签、内容保护维权、流量倾斜等权益，力求为优质原创作者提供一个成长快、收益高的良好创作环境。

一、什么是首发？

首发是指，创作者将原创作品首发在百家号平台（本期只针对图文内容新增声明首发，图集和视频仍只能声明原创）。

二、首发权益有哪些？

1.首发标签：成功发布的首发内容，可获得「首发」专属标签；

2.内容保护维权：发布在平台的首发内容，即可享受平台提供的内容版权保护；

3.流量倾斜：发布的首发内容，可以获得平台提供的流量扶持，内容曝光量、阅读量高于一般内容；

百家号原创首发功能

在获得“原创声明”标签后，内容创作者可以更好地进行维权，并获得平台的补贴奖励。

各家内容平台集体推出内容原创保护背后，不仅是要通过原创保护机制打造优质内容版权围墙，而且也是在鼓励平台的内容生产者不断生产原创内容，给平台注入新鲜血液，并吸引更多的用户使用。

而欠缺优质内容的内容生产者，其搬运的内容将无法通过查重机制，也不会在平台获得推荐和收益，还会被平台以各种形式进行封号处理。通过这种优胜劣汰的方式，打造更好的内容生态环境。

3. 出行类产品

在滴滴出行等网约车产品出现之前，其实互联网行业中并没有出行类产品这个说法，或者说，出行类产品只局限于火车飞机等长途的出行方式，一般人出去打车都是选择出租车。而在 Uber、滴滴出行等网约车出现之后，首先解决的问题就是大家打车困难的问题。

据中国信通院政经所研究数据

百家号平台打击作弊账号

显示，截至 2018 年 7 月，我国网约车司机人数超 3 120 万，是出租车司机人数的 10 倍以上，仅在北京一个城市，2017 年的滴滴注册司机数量为 110 万，活跃司机数量逾 20 万。而在 2017 年，全国巡游出租车才只有 139.58 万，北京市出租车 6.6 万辆。

从数据来看，出租车完全满足不了用户对打车出行的需求，所以出行类产品的首要需求是什么？是必须有足够的车辆。

在出行类产品中，每一个乘客不只是让一个司机去匹配，而是需要跟周围上百个司机匹配；在某个时刻，可能有成千上万的乘客，同时也有成千上万的空闲车辆，出行类产品要完成的就是司机和乘客的最优匹配。

以滴滴出行为例，滴滴出行需要在一两秒钟完成上千万次的路径规划。为了完成这项工作，滴滴出行专门成立了研究院，并建立了深度学习系统，在乘客和司机的供需关系基础上，综合路况和其他信息进行订单分配。

再者，滴滴打车最开始被大家广泛注意到的起因是什么？希望大家还没有忘记滴滴和快的的那场红包大战。

2014 年 1 月份，随着腾讯 1 亿美金融资到位，滴滴打车开始发放红包，而快的在阿里的支持下也紧随其后。双方红包大战一度达到“癫狂”状态。而这场“支付＋红包大战”一直打到 2014 年 5 月份才告一段落，双方烧掉近 20 亿元，堪称惨烈。

在历时近半年的补贴活动中，滴滴打车补贴规模超 14 亿，快的打车也补贴近 10 亿。通过这场红包大战，滴滴和快的双方已经初具规模，从用户数量到影响力来说，都已经无第三者可敌。

而对用户而言，他们享受到的是低价高质的出行服务，在选择滴滴和快的的时候，用户也会根据价格和优惠券等多种因素进行选择。

因此，出行类产品的第二个需求是价格。

最后才是用户在出行中所能得到的服务，司机是否准时到达，车辆是否舒适，司机态度是否良好等。

综上，出行类产品想要延长用户成熟期，要从这三个方面做出改进：订单分配、订单价格、司机服务。

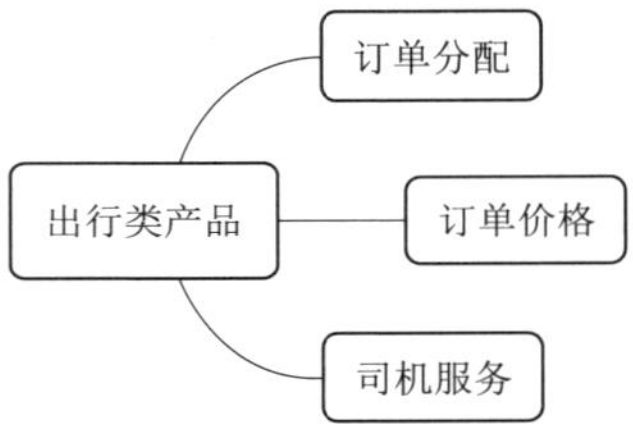

出行类产品成熟期策略

4. 网络游戏产品

在互联网的诸多产品中，网络游戏是一个比较“奇葩”的存在，因为它存在的意义只是给用户带来快乐。

网络游戏同样存在着成熟期。在用户成熟期，游戏的注册人数逐渐趋于稳定，玩家每天活跃和付费也逐渐趋于稳定。

而随着广告投入的增加，注册人数逐渐趋于饱和，同时由于外界竞争的加剧，用户的注册成本将有所增加。所以网络游戏成熟期的主要目的应该是获取最大的利润、获取最大的市场占有率以及维护玩家的忠诚度。

那么对于网络游戏而言，用户所关心的是什么呢？

毫无疑问是这款游戏的产品内容，包括IP、故事情节、人物关系等各种内容。其实我们每天要接触很多的网络游戏宣传，但是很多游戏还没有到成熟期就快速衰落了，这些游戏没有撑到成熟期的原因就是因为本身缺乏用户所喜欢的内容。当一款游戏没有满足用户对内容的需求时，用户在进行一次试玩之后，就会快速流失。

大家可以看到市场上经常出现的几款游戏，仙剑奇侠传、魔兽世界、传奇，这些游戏之所以一直有稳定的用户群体，是因为用户可以通过游戏内容得到情感上的满足。

以魔兽世界的相关内容为例，随着魔兽世界和DOTA的兴起，以魔兽为主题的手机游戏渐渐被开发数不胜数，除了大家熟知的刀塔传奇，在安卓游戏下载网站上，可以看到数十款跟魔兽世界相关的手机游戏。

对于游戏类产品来说，这其实也对内容和活动的运营提出了更高的要求，游戏产品需要针对不同用户所处的不同阶段，提供个性化的服务或者策划活动。对于成熟期的用户，需要尽量延长用户在平台的留存时间，并且促使用户在进入休眠期之前尽可能地消费。

互联网内的产品分类当然不止以上四种。对于不同的产品类型，产品和运营的人员都要先找到成熟期用户最关心的那个点，然后在这个点上不断进行发力，满足用户在成熟期的需求；用户之后有可能进入休眠期，也有可能重新进入增长期。根据用户不同的状况，进行针对性的产品功能设计和运营活动策划。

用户增长小贴士

成熟期是最能赚钱的时期，请在心中默念：稳住，我们能赢！

5.2 如何让用户自然而然地掏钱

5.2.1 余额宝是如何抓住用户钱袋子的

我们通过移动支付和互联网教育等不同行业来看看成熟期的产品，应当如何从产品功能和营销策略方面对产品做出改进。

进入成熟期以后，产品的活跃用户数增长缓慢，逐步达到最高峰，然后缓慢下降；同时，随着产品同质化的加剧，在同一行业内的产品竞争逐渐激烈。不管是产品人员还是运营人员，都会觉得成熟期的产品虽然出不了什么大问题，但是要想做出来成绩，却也是很难。此阶段不管是产品用户数还是产品收益，都处在一个相对缓慢的增长。

其实对于成熟期的产品，这是最常见的情况。对于大部分成熟期的产品，用户已经习惯了它的常用功能，产品也取得了一定的稳定用户。在用户数量级很大的情况下，不可能进行很大的产品改版，所以只要能保持产品的数据不下降，就是成功。

作为产品人员和运营人员，他们能做的就是不断地打磨细节，改善用户体验。这件事情看起来很虚，甚至有的时候还会出一些昏招，但哪怕将体验提高一分，也会让成熟期的用户有很大的改观。

在每年新年的时候，支付宝都会推出年度账单回顾，人们纷纷打开支付宝查看年度账单，并在朋友圈晒出自己的支付宝账单和年度关键词，除了日常购物之外，很多用户的资金都拿去购买了余额宝。

余额宝是淘宝支付宝创造的一种余额升值服务项目，即用户使用支付宝将钱投入到余额宝，实际上是购买了支付宝中的基金业务。淘宝用户在登录支付宝系统以后会出现两个账户，只需要将支付宝内的钱转到余额宝里就会获得收益，收益结算方法以日为单位，收益比银行活期存款要高得多。

余额宝依托支付宝的力量，已经成为如今国内最为普遍的理财方式，让所有人以更简单的方式购买基金。截至 2017 年 12 月 31 日，余额宝用户共计 4.74 亿人，其中绝大多数是个人投资者，持有份额占比 99.94%，平均每人持有 3 329.57 元。

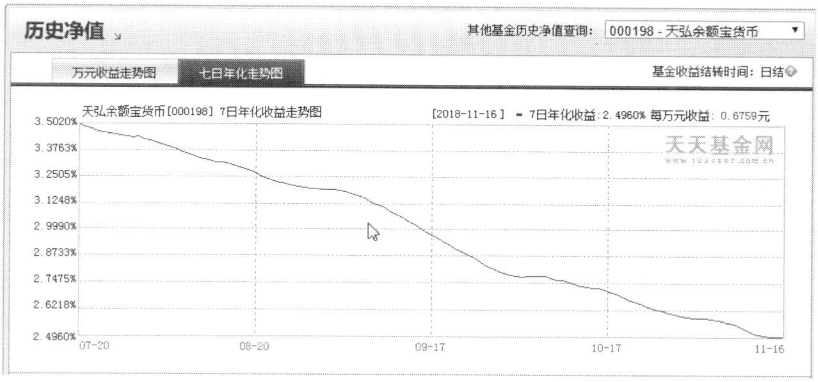

天弘余额宝七日年化收益趋势　　　　　（数据来自天天基金网）

但是截至 2018 年 10 月 17 日，天弘余额宝货币基金的 7 日年化收益率仅有 2.729%，万份年化收益则低至 0.735 7 元。

余额宝历史收益率（2013-2018）

时间	万份收益(元)	七日年化
2013年6月	1.2488	4.2047%
2014年1月2日（最高）	1.8528	6.7630%
2014年6月	1.2176	4.5927%
2015年6月	1.0252	3.8679%
2016年6月	0.6638	2.4526%
2017年3月	0.9998	3.6660%
2018年9月	0.7392	2.7440%

天弘余额宝历史收益率

相比 2018 年年初的 4.4%和 1.19 元，分别下降 38%和 38.2%。同期，11 支对接接入余额宝的货币基金中，有 9 支货币基金的七日年化收益率已跌破 3%，其中 7 日年化收益率最低的品种仅为 2.58%。

随着市场竞争的激烈，余额宝收益率一直处于缓慢下滑趋势，从年初的 4.4%下滑到 2.729%，天弘基金解释说，这预示着余额宝业务进入成熟期，客户行为规律性很强，已经形成了独特的客户生态圈。

在申购限额方面，余额宝从 2017 年开始对申购限额一降再降，从 100 万到25万再到10万，再限制了单日购买额度上限2万元，2018年更是设置了每日申购总量，导致每天开放申购后的半小时内，余额宝就被一抢而空，很多人都每天早上定闹钟抢购余额宝。

不管从产品收益率还是用户数量而言，余额宝都已经进入了产品成熟期，那么支付宝和余额宝又做了哪些工作来延长成熟期呢？

1. 市场调整

余额宝作为支付宝产品中的一项业务，在进入成熟期之后所进行的市场调整，并不是要调整余额宝产品本身，而是在整个市场进行产品新场景和新用户的发现，以便扩大余额宝和支付宝的用户层面。

在余额宝进行限购之后，很快上线了定期理财业务。定期理财主要集中在货币基金或者保险类理财产品。这一类的产品利率目前比余额宝稍微高一些，年化利率约4.5%左右，其中第一是招商银行的招利宝货币A，第二个是建信养老飞月宝。这几类产品主要瞄准了市场上对资金流动性没有那么强要求的用户。

支付宝定期理财产品

这类货币基金的特点是低风险，收益稳，灵活存取，在产品到期之后可以选择自动续期或者取出。

针对用户对资金流动性的要求，定期产品的持有期也分别不同，短期30天的年化利率主要为4.6～5%，长期360天的年化利率则会达到5.5～6%，通过接入更多理财收益类的产品，让用户在余额宝限购的情况下，也可以在市场中找到其他的产品选择，避免用户转投其他产品。

2. 产品调整

在用户成熟期，很多产品人员都容易采用保守战略，把维护存量用户作为首要任务，这种产品战略本身没有错误。但在用户成熟期，应当尽可能采取主动出击的策略，这样才有可能让用户在成熟期之后，再次进入用户增长期，使产品生命周期出现循环。

而主动出击的策略主要表现为产品调整，通过产品自身的调整来满足不同用户的需求，吸引更多的活跃用户。从这个角度来说，不管是产品页面，还是交互设计，任何产品功能的调整都可以算作产品调整。

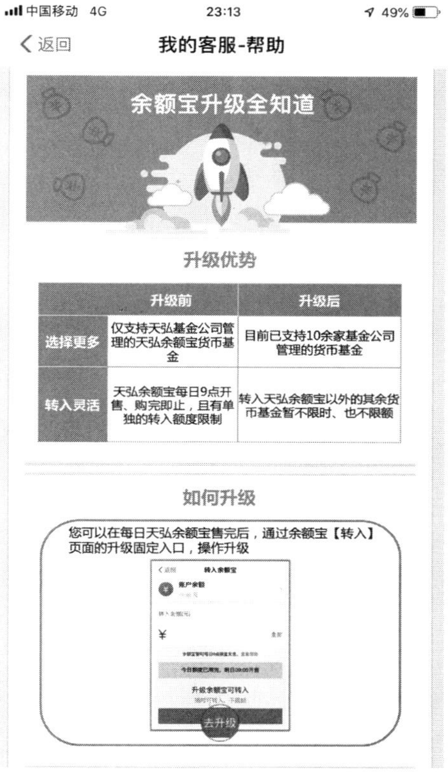

余额宝产品升级

那么针对余额宝产品，在余额宝限购之后，2018 年 5 月 4 日，余额宝正式升级，接入博时、中欧基金公司旗下的“博时现金收益货币 A”“中欧滚钱宝货币 A”两支货币基金产品，目前已经支持 10 余家基金公司的货币基金，相对于之前天弘余额宝的限购政策，升级之后的余额宝资金转入更加灵活，取消了限时和限购政策。

通过余额宝的这次升级，之前很多抢不到天弘余额宝的用户也重新开始使用余额宝业务，在降低天弘余额宝风险的同时，也保证了余额宝整体用户不下滑。

3. 运营调整

运营调整主要包括降低产品价格、提高运营水平、扩展运营渠道等方式，通过对产品定价、促销和渠道等方面的调整，促进用户使用。

在余额宝等理财产品中，运营调整主要是通过各种运营活动的推出，结合支付宝中的其他功能，吸引更多的用户。比如在“蚂蚁庄园”小游戏里，支付宝每月都会推出一套新装扮，用户可以通过在产品内完成任务来获取新装扮。在获取新装扮之后，用户在收取鸡蛋时，就有可能获得收益翻倍卡或者理财红包。

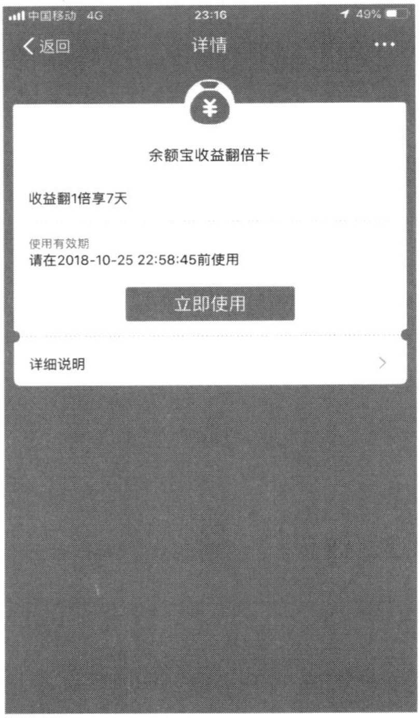

余额宝收益翻倍卡活动

通过此类的运营方式，将用户日常查看账单、查询快递等操作变得游戏化，在增强用户黏性的同时，也让用户有机会尝试支付宝产品内的更多新功能。

用户增长小贴士

如果你是餐厅老板，想让用户多消费，就得多出一些新菜式；

如果你是产品经理，想让用户多掏钱，就得想出一些好点子。

5.2.2 教育类产品如何游戏化

上文中我们曾经分析过游戏类产品进入成熟期时的应对策略，相对其他产品，网络游戏的整个生命周期都相对较短，一款端游的平均生命周期是3～5年，而页游的生命周期大概是3～5个月，这就决定了网络游戏的用户进入成熟期相对较快。

那么再想一下，为什么你会去玩一个游戏。从早期的大话西游、魔兽争霸到现在的刺激战场、王者荣耀，或许你能给出来的答案会是："我的朋友们都在玩啊，所以我也试试看""打发时间不错哦，而且游戏挺有趣的"。

那么反观教育产品跟游戏产品有什么相似之处，如果我们把教育产品作为游戏的话，那么教师在课堂上教给我们的知识点和考点，这相当于游戏中的教你怎么玩的提示。

但是学生在使用产品的时候，"学霸"会很快地度过新手期，而"学渣"却迟迟不能进入用户成熟期。除了教师和学生的个体差异之外，游戏可以让用户在使用游戏产品的时候，不断体验新功能，感受新的游戏场景，用户体验会随着游戏的进行继续变化，从而促使用户在游戏上消耗大量的时间。

所以当教育和游戏碰撞在一起的时候，就激发了更多产品人员和运营人员可以出谋划策的地方，如何让学生可以更快地度过新手期，并且长期的停留在成熟期，这是很多互联网教育产品都想解决的问题。

这里我们先介绍一下"游戏化"（Gamification）的概念，它是指在非游戏环境中使用游戏的思维和游戏机制来吸引用户和解决问题，将游戏化定义为把游戏设计元素应用到非游戏情境。游戏化的另一个定义是将游戏思想和游戏机制应用到非游戏情境中，以帮助用户解决问题和提升自我构建能力。

在互联网教育领域，作业盒子、阿凡题等产品早已与游戏化理念相结合，通过游戏的方式学习知识点，提高学生的学习兴趣和活跃度，并且可以通过地图通关和奖励系统帮助学生掌握学习进度。学生在产品内部的比赛、PK和闯关从形式看来，跟市面上常见的手机游戏类似；但是对于学生而言，比起传统的互联网教育产品，游戏化教育产品的用户成熟期明显要更加长久。

一般来说，将教育类产品进行游戏化可以分为三个步骤。

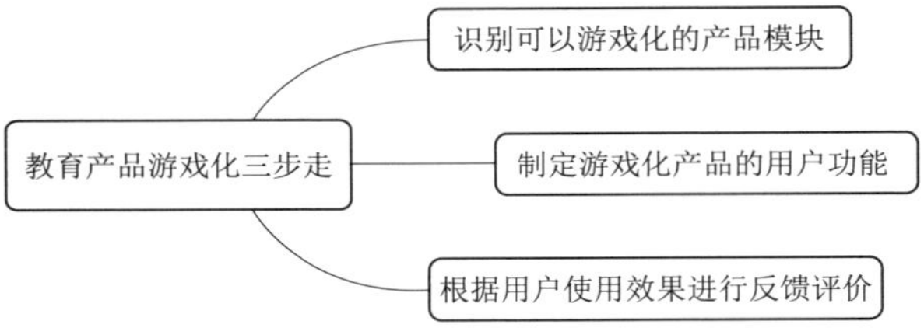

教育产品游戏化三步走

1. 识别可以游戏化的产品模块，保证用户可以建立对产品功能的认知

比如在作业盒子中，学霸星球就是可以游戏化的产品模块。用户通过使用产品解锁更多的学霸计划，并可以即时得到游戏金币的正向反馈，从而产生学习的满足感和成就感。

2. 制定游戏化产品的用户功能，保证用户可以衡量产品使用的效果

作业盒子学霸星球

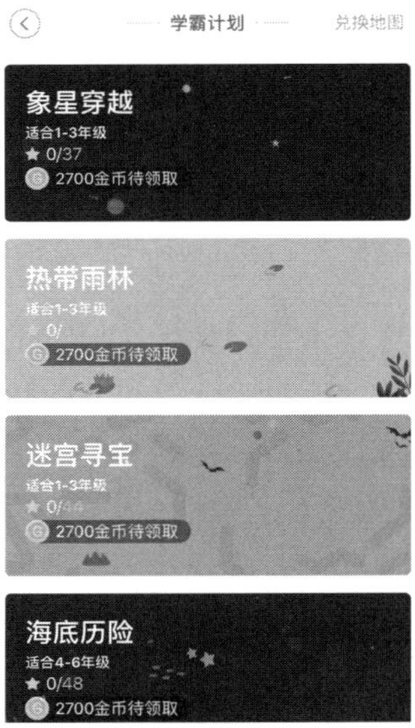

作业盒子游戏闯关界面

在学霸星球中，作业盒子共分为象星穿越、热带雨林、迷宫寻宝等六个产品模块，学霸计划的完成度和兑换地图的数量就是产品游戏化可以达成的使用效果。除此之外，PK 胜利数和速算冠军赛排名，都是用户通过使用产品可以看得到的效果。

3. 根据用户使用效果进行反馈评价

产品通过金币、积分、等级等游戏化元素将用户结果进行统一分析后，根据产品功能制定对应的评价系统。比如根据积分数量和 PK 胜利场数在全班或全国范围内进行排名，刺激用户提高使用频次。

作业盒子用户排名界面

以下我们以百词斩为例，具体分析当一款教育类产品进入成熟期之后，产品和运营人员是如何提高用户活跃，维持用户数量不降反增的。

百词斩作为一款单词记忆 App，其核心功能是单词记忆的相关计划，其中包括了海量词汇库：小学教材、初中教材、高中教材、中高考词汇、四六级词汇、专业考级词汇、考研词汇、托福词汇、雅思词汇等多类词汇，其用户以大学生为主，主要分布在高校较为集中的区域。

按照产品功能的完善和用户群体的扩展，主要分为三个阶段：新手期（2012 年 7 月—2013 年 6 月），增长期（2013 年 6 月—2016 年 9 月），成熟期（2016 年 9 月—至今）。

自从 2016 年 9 月进入用户成熟期之后，百词斩的版本迭代频率明显放缓，也没有添加新的功能模块，而是优化界面，改进已有功能，修复 bug，用户数量趋于稳定。

一方面互联网教育市场在此阶段逐渐趋于饱和，从单词记忆类 App 到英语学习类 App，市场上都出现了大量竞品；另一方面，百词斩的产品功能已经可以满足大部分用户的需求，因此产品的重心主要在修复 bug 和优化用户体验上。此外在游戏化方面也做了很多尝试，比如单词 PK 同时开放了排位赛和好友对战，吸引用户在完成单词记忆后，通过游戏排名获得成就感。

百词斩单词 PK 页面

在运营方面，为了避免用户的流失，百词斩在特定节假日都会推出学习挑战的运营活动，当用户挑战成功有一定的奖励。这在一定程度上提高了用户的活跃度和黏性，使产品在用户成熟期后仍能保证相对较高的活跃用户数。

比如百词斩在 2018 年春节期间推出了“英雄来战”活动，与当时的有奖答题游戏相类似，当用户填写了彼此的邀请码后可以得到一张复活卡，发放邀请码的用户也可以得到一张复活卡，成功赶上了一波现金答题的运营活动。

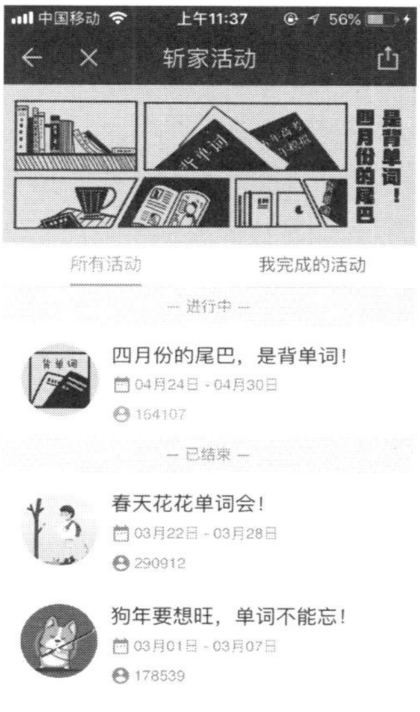

百词斩斩家活动

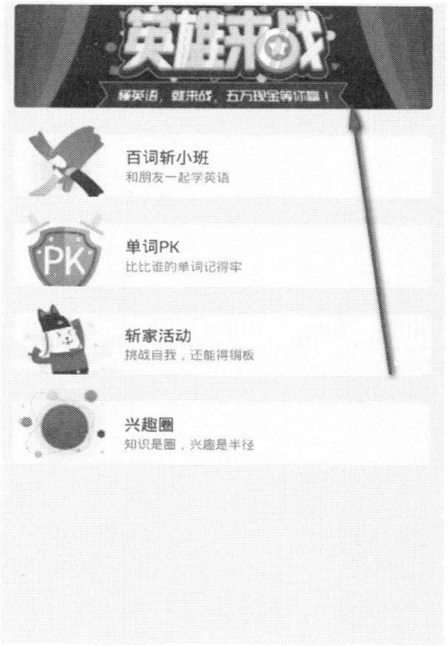

百词斩“英雄来战”活动

在日常运营方面，百词斩主要还是通过日常的推送来唤醒用户。不同于其他 App 的推送可能会招致用户反感，百词斩的推送是根据用户的单词记忆计划，通过系统通知或微信来提醒用户背单词，保证用户周期性的使用产品，提高产品留存率。

通过百词斩的案例，我们可以看到，在用户成熟期，对产品人员和运营人员的挑战都相对较大，他们不仅需要从用户的成长周期来看，还要结合整个市场环境和竞争对手来制定产品功能和运营活动。

一方面出于尊重用户习惯的需要，不能对产品进行大规模的产品迭代。比如在新手期的时候，百词斩主要是完善“图背单词”功能。这个阶段可以通过产品功能的增减进行快速的试错，测试产品功能是否满足用户需求；而在成熟期，用户已经对“图背单词”功能相对比较熟悉，贸然进行改动只会引起用户不满。

另一方面，不同于增长期，产品需要不断更新迭代，来吸引更多的用户来争夺市场。成熟期的用户群体已经可以满足产品需求，这个时候，可以将产品进行横向拓展，试水更多的新产品。比如百词斩在进入用户成熟期之后，迅速推进了番茄英语、薄荷阅读、鲜橙英语漫画等几款同类产品的进度，通过微信号阅读、朋友圈打卡、微信群答疑等方式再次进入了用户增长期。

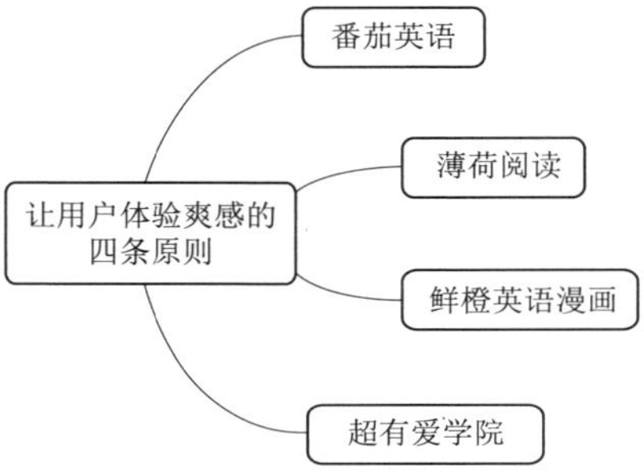

百词斩产品矩阵

用户增长小贴士

抓住用户的兴趣点，才能抓住用户的钱袋子。

5.2.3 “赔钱赚吆喝”，到底赔了吗？

前两节内容主要从产品迭代节奏方面介绍了用户成熟期的产品应当如何处理。在这个阶段，除了产品迭代方面的工作，在运营方面也还有需要拓展的空间。

可能有一些运营的同学会说：都已经进入用户成熟期了，怎么还想着拉用户？

如同之前所说的，虽然在用户成熟期不可能出现大幅度的用户增长，但是伴随着用户在产品中的沉淀，相关的用户体系有没有建立起来，有没有对应的用户体系运营活动，产品中的老用户能不能导流到新项目中去等，都存在着问题。

在用户成熟期要怎么处理用户拉新的问题，不同的产品所面临的市场环境以及从公司内部争取的资源都不尽相同。但是在不损害用户对产品感知的前提下所进行的拉新活动，一般都不会错。

之所以说这个阶段的套路是“赔钱赚吆喝”，是因为不管是建立用户体系，还是举办运营活动，都无法给产品带来爆发式的收益增长。拿网易云音乐来说，网易云音乐在2017年拿到了A轮融资7.5亿元，也具备了庞大的用户体量，但不管在数字专辑、付费会员，还是音乐电商、演出票务，现在都没有形成规模收入，这对于一款上线五年的产品来说，买下更多的音乐版权，满足更多的用户需求，都是赔钱赚吆喝的买卖。

即便如此，该迭代产品功能还得迭代，该上运营活动还得上活动，因为一旦产品进入衰退期，那才是真正的骑虎难下。在这个阶段，常用的套路主要包括以下三种。

1.建立用户体系，提高用户黏性

通过用户体系来提高用户黏性是常见的运营手段。在用户成熟期，这一点表现得尤为明显。不管是常见的用户签到领积分，还是等级特权，从本质上来说，都是通过更小的用户运营成本来提高用户活跃。

还拿网易云音乐举例，用户在网易云音乐累计签到3天和7天之后可以进行抽奖活动，对于成熟期的用户来说，在每天听歌之时，完成签到不过是举手之劳，但是却可以形成连续签到的用户行为。

在用户等级之外，还可以建立VIP会员体系。这一运营策略的创始人当然是腾讯，而在微博、微信等移动 App 兴起之后，也将这种套路完整地复用在了自己的产品中。例如在微博产品中，随着会员等级的不同，用户可以享受不同的微博背景好头条折扣等。

2. 线上运营结合线下活动，多渠道获取用户

在用户成熟期，线上的运营活动可以适当减少频率，但总体要维持一个比较固定的举办周期：每隔一段时间，需要通过线上抽奖或者 H5 小游戏，让用户在日常使用产品时体会到参与活动的惊喜，建立起对产品的期待。

除了线上活动，在增长期过后，可以将线上产生的 UGC 内容投射到线下，让用户亲自参与到产品的运营中，这样给他们带来的满足感是完全不同的。

2017 年初，网易云音乐从平台上精选点赞数量较高的乐评，在杭州和北京等多个城市地铁进行展示，怒刷一波存在感。

跟其他的音乐播放器不同，网易云音乐还秉承了网易系产品的一个优势，那就是音乐评论里神人辈出。“十年前你说生如夏花般绚烂，十年后你说平凡才是唯一的答案”“不在一起就不在一起吧，反正一辈子也没有多长”。

网易云音乐地铁活动

凭借着产品自诞生而来就有调性，网易云音乐通过用户的评论将歌曲场景化、故事化，甚至有用户说打开网易云音乐刷评论都可以刷上好几个小时。

而与此同时,地铁本就是一个很容易滋生孤独和疲惫感的场所,上下班途中的人们很多都是网易云音乐的老用户,选择在这样一个场所投放这样的乐评,无疑完美地抓住了用户的痛点。

在网易云音乐刷爆地铁之前,大家可能没有意识到音乐评论的重要性,而当网易乐音乐将其单独拿出来作为一个运营活动的时候,网易云音乐不再是一个高高在上的产品,而是放下身段跟所有用户一起完成这项活动。这对于成熟期的用户是非常有效的。

3. 结合产品新功能,借助新功能提高用户活跃

除了从运营方面着手,结合产品迭代功能展开运营活动,也可以为用户规模的巩固提供帮助。在产品核心功能之外增加新功能,可以让不同层面的用户需求得到满足。拿美团外卖的送药上门来说,之前的饿了么、百度外卖和美团外卖三家外卖 App 中,只有百度外卖支持送药上门。在美团外卖上线送药上门之后,基于这个功能点做了一系列运营活动,比如满 38 元可以立减 10 元的优惠券,外送费也只要三元,这对于需要用药的用户,这样的运营活动还是很给力的。

经过以上案例的分析,我们可以总结出用户成熟期所要注意的几个点:

(1)用户成熟期的首要目标不是拉新,而是巩固存量用户,提高用户活跃。

(2)产品层面解决 bug,改善用户体验,不给运营拖后腿。

(3)运营层面可以通过周期性活动,最终达到建立用户口碑的目的。

(4)通过产品和运营两个层面的工作,为产品进入下一轮增长期做准备。

用户增长小贴士

一时的赔钱赚吆喝并不是坏事,或许下一个版本就吆喝来了用户呢。

【案例分析】 许鲜网:在最不该倒下的时候却倒下了

线上线下的协同运营一直是互联网行业中的迷点,互联网产品大部分是从颠覆线下行业起家,但最后的服务落地又不得不回到线下。而在这个过程中产生的水土不服,让很多马上要进入用户成熟期的产品都铩羽而归。

许鲜网于2014年正式成立,用户通过在App内提前预订,即可于次日到店提取当日的新鲜水果,或等待许鲜网配送上门。在上线一年之后,许鲜就获得了数千万元的A轮融资,曾在北京、上海、武汉、杭州四个城市拥有超过300家直营及联营门店,注册用户已超过150万。

许鲜网宣传页面

对于一款刚上线的移动App来说,这个成绩是相当不错的;但没过几年,随着线下生鲜水果店进入线上渠道,电商大佬也纷纷切入生鲜细分市场,许鲜网的优势很快就荡然无存。

现在让我们回头看看许鲜网在迅速崛起到衰落的过程中,那些踩错了节奏的步骤。

1. 用户需求方面

用户在许鲜上购买生鲜的原因,一是当时除了许鲜之外可能没有其他的购买渠道,二是许鲜给用户提供了更多的优惠政策。

这就解释了为何许鲜最开始是从高校内发迹的水果生鲜作为用户刚

需，在校园内缺乏足够的购买渠道，不管从场地规模还是校园管控来说，校园水果店的成本都很高。如果可以用较低价格的生鲜商品切入高校用户，还是很有市场的；另外，许鲜在上线之初向用户提供了丰富的优惠政策，通过优惠券和买一赠一等运营活动在高校用户群体内刷了一波好感。

许鲜网"买一送一"活动

这些也是很多从校园起步的互联网产品的必经之路。以饿了么为例，在饿了么正式推广之前，当时市场上已经出现了很多面对小区居民和办公室白领的外卖产品，但因为目标用户不聚焦，一直没有搞出大动作。所以饿了么主要集中在上海地区的高校内部，一旦出了高校，饿了么在当时是完全不具备竞争能力的，小区居民和办公室白领获取外卖的途径很多，不一定会选择饿了么。所以饿了么在拿下高校这块关键的"根据地"之后，才在市场上进行大规模推广。

从许鲜发起的路径来看，它本来是具备成为行业"大鳄"的潜质的，在最开始的时候，许鲜抓住了高校的刚需用户，并下了一定功夫来巩固这部分用户市场。但是还没有等许鲜彻底巩固这部分市场，他们就把目光投向了全社会的生鲜市场，从自己擅长的领域直接跳进了完全竞争的红海。

在校园市场之外，线下的生鲜水果店大多都在社区和写字楼深耕细作很多年，具备了很多长期稳定的客源，对于商品价格的把控也比许鲜更有优势。跟这些店铺竞争时，许鲜面临的是跟高校用户完全不一样的用户需求和市场环境。所以许鲜最后扩张了一段时间之后，也就慢慢地关闭了。

2. 产品功能方面

产品功能本来应该是最不应该出问题的部分，只要许鲜坚持把精力放在产品功能的打造和校园市场的突破上，单单是全国的高校用户，都够许鲜继续生存下去的了。

但是许鲜在大规模扩大线下门店之后的有一段时间里，其App内部的banner出现图片扭曲无法正常显示的bug，在好几天内都无人修复。这虽然对用户的影响程度没有那么大，但可以看出许鲜已经把更多的精力放在了扩张门店，而不是打磨产品上。

3.产品运营方面

在上文中我们曾提及产品在获取一定数量的用户之后，为了提高这部分用户在产品内的留存率，运营层面可以通过周期性活动，最终达到建立用户口碑的目的。

在用户运营方面，早期的许鲜还会通过各种运营活动来拉动用户消费，但随着中高档水果入驻许鲜，在后续运营活动上没有跟上。虽然在用户群体内已经建立了不错的口碑，但用户在水果生鲜这种高频次消费品上，往往会选择“用脚投票”，谁家的性价比高就会选择哪家，谁家的运营活动可以持续开展就选择哪家，但是许鲜还没有等到将用户的消费行为做长期运营的时候，就过早地将自己陷入了门店扩张再关闭的泥潭。

在差异化运营方面，许鲜除了有线上预约购买之外，便利店、超市、菜市场一样可以满足用户购买生鲜的需求，用户到了之后可以随时购买，免去了线上预约和约定时间取货的烦琐。如果不能跟这些场所形成差异化，在居民小区等用户场景中，许鲜是不具备产品优势的。

如果在最开始的时候，许鲜继续将目标市场锁定在高校内，将全国几千万学生用户拿下之后，跟随这些学生用户走向社会，再顺次进入其他消费场景中的生鲜市场竞争；在中高端水果的价位上与其他App进行差异化活动运营，从用户群体和运营活动两个方面进行单点爆破，或许许鲜真的可以成为一款成功的互联网产品。

第六章

用户增长需慎用的治标不治本的猛药

6.1 如何解决用户增长与 KPI 之间的问题

6.1.1 用户增长并不完全是好事

通过以上五章的说明，我们已经对不同生命周期的用户有了基本了解，对于增加产品流量和活跃用户也学会了常用套路。

那么，是不是产品的用户增长越快越好呢？

事实上并非如此，在一些时候，用户增长并不完全是好事。

我们在第一章中曾经提到过“虚荣指标”的概念，在这一节，我们来通过具体案例详细看一下在虚荣指标的假象下，即使用户数据表面看起来光鲜亮丽，但其实并不能给产品带来一丝的核心价值。

2016 年 9 月 28 日晚间，微信后台更新接口，微信公众号刷量工具瘫痪，许多原本阅读量轻松达到 10 万以上的知名公众号，在当天的阅读量只有平时的十分之一都不到，更夸张的甚至只有平时的几十分之一。

在微信公众号刷量的事件中，外人所在乎的阅读量和点赞量就属于虚荣指标，由于广告主越来越重视新媒体投放，10 万以上的阅读量成为行业标杆，但又无法甄别微信公众号阅读量的增加，这就让很多刷量手段有了可乘之机。

微信公众号刷量新闻报道

有的广告主会在给微信公众号支付广告费的时候要求商品成交额，但是很多时候，这些商品都被公众号自己购买，在确保一定销售额之后，再转借其他渠道卖掉。

虚荣指标不仅存在于PV/UV等数据上，而且也存在商品成交量等数据上，通过获得更好看的虚荣指标，以拿到下一轮投资，然后继续造假。

在之前大批倒闭的上门O2O业务中，某些新三板上市公司一半的订单额是自己买出来的；有的则是采用抛售的方式，把10块钱的产品以低价卖给用户，以换取比较好看的数据。可想而知，这些公司大多没能撑到上市或者下一轮融资。

真正的用户增长应该是明确指标中可以带来产品收益的用户增长，而不仅仅是用户点击数这些虚荣指标；而对于制定数据和研究数据的人，千万不能看到一条用户增长曲线就盲目乐观，而是应该更深入地解决用户增长和KPI之间的问题。

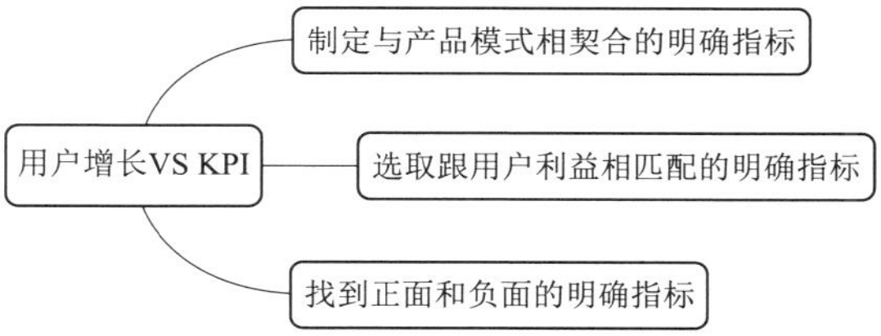

用户增长 VS KPI

1. 制定与产品模式相契合的明确指标，避免虚荣指标喧宾夺主

如果你是卖服务的，那么虚荣指标通常就是服务的使用人数，你所提供的服务有没有满足用户的需求，这是无法通过使用人数来衡量的。

比如在共享单车服务中，活跃用户数是大家常常关心的数据，但是在共享单车中，活跃用户数其实并不能算作是明确数据，因为它无法解释为什么用户会不满意你所提供的服务。

ofo 自 2017 年 5 月到 12 月的月活用户、用户使用频次等全维度数据方面，均排名行业第一，但是截至 2018 年底，其在市场上的竞争力已经远远不如从前。

在共享单车服务中，明确指标是用户使用单车的时间。用户使用单车的时间越长，表明其对单车的满意度越高，否则他们会更换为其他共享单车产品。

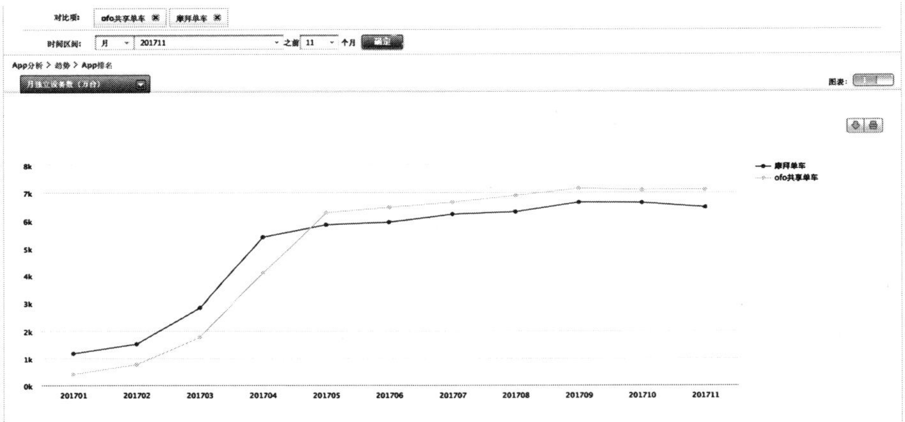

序号	App	201701	201702	201703	201704	201705	201706	201707	201708	201709	201710	201711
	合计	1,464.88	2,095.76	4,013.97	7,468.69	10,710.43	11,123.92	11,590.92	11,730.60	12,152.49	12,147.91	12,060.91
	摩拜单车	1,170.50	1,519.34	2,823.33	5,394.99	5,837.64	5,925.25	6,213.49	6,299.40	6,643.21	6,625.91	6,465.33
	ofo共享单车	401.64	766.30	1,765.65	4,090.61	6,271.71	6,463.81	6,649.20	6,886.99	7,144.06	7,083.15	7,096.27

ofo 和摩拜的活跃用户数对比

如果你是做电商的，注册用户等同样是虚荣指标，明确指标应该是获客成本，以及获取客户所需要的时间长短。

对于大部分 App 来说，很多被用户下载之后就沉默在手机中，再也没有被二次使用的机会。对于这些 App 来说，注册用户数、PV、UV 这些数据都属于虚荣指标，真正的明确指标是用户在产品内的使用时长。

当我们有了一个新的注册用户数后，我们需要知道的是他到底有没有真正的使用产品。即使这些用户数注册后全部登录了产品，但是这些用户有没有真正的使用产品，有没有去浏览产品的各个功能模块，还是登录之后就切换到其他 App，等等，都存在着问题。所以，当你在后台看到了很多的注册用户数、很多的登录用户数，甚至很多的用户点击数，这些都不足以说明产品的竞争力。

只有用户在产品上花费时间和心思去使用产品了，这才是真的明确指标。

2. 选取跟用户利益相匹配的明确指标

有的时候，我们在选取明确指标的时候，会发现跟用户利益相悖的情况，这时候怎么做呢？

如果为了完成部门 KPI 而不择手段地去损害用户利益，这绝对是一种饮鸩止渴的做法。

SocialCam 定位于“与朋友即时分享视频”，曾是一款被用户和投资者寄予厚望的互联网产品，从 2011 年正式上线后，2012 年 5 月份用户数量超过 1 000万，6 月份接近 2 000 万，一度成为 App Store 排名第一的免费应用，被认为是“视频版的 Instagram”。

但是在用户增长方面，SocialCam 却昏招连连，为了快速增长，SocialCam 将“注册用户数”作为公司明确指标，围绕拉新展开了一系列疯狂的病毒营销。

首先，SocialCam 采取标题党、擦边球等形式在产品内部更新了大量内容，吸引了大量访问用户。

其次，用户在 SocialCam 上看过的视频会被自动分享到 Facebook 中。

在这种不择手段的拉新运营中下，SocialCam 的注册用户数飞速增长。然而很快 Facebook 就收到了大量用户关于 SocialCam 侵犯他们隐私的投诉，说 SocialCam 未经同意就在 Facebook 上面分享了他们观看的视频。最后，Facebook 决定关闭 SocialCam 的流量入口。

失去 Facebook 的流量后，SocialCam 的访问用户量“断崖式下跌”，再加上在一段时间内，公司内部所有人都将精力放在了注册用户数的获取上，并没有真正的增强产品的核心竞争力，产品的整体用户留存率极低，很快，SocialCam 就走向了没落。

在 SocialCam 的例子中，SocialCam 所采取的就是损害用户利益的虚荣指标，这种虚荣指标虽然没有欺骗投资人，看起来也确实给产品带来了用户，但是这种增长的方式给用户带来了极差的产品体验，最终导致了用户的大量流失。

3. 不仅找到正面的明确指标，而且找到负面的明确指标

在产品运营中，我们不仅要关心活跃用户数、用户使用时长等正面的明确指标，还要关心产品中负面的明确指标，也就是给用户带来不好体验的指标。

对于电商来说，一些负面的指标包括商品断货的次数，商品被用户投诉的次数，甚至商品发货的快慢，等等。对于每一个负面指标，都需要有对应的人员去负责解决。

用户增长小贴士

用户增长是成绩也是负担，要想取得好成绩，要提前想好如何解决用户增长可能带来的矛盾。

6.1.2 用户层面应关心的内容

通过上一节的内容，大家应该可以明白，很多时候，单纯的用户增长并不能说明什么。如果只是用户数量飞速增长，产品的收益没有获得同比例的增长，那就是一件很荒谬的事情了。

如果产品尚未得到市场的认可，产品功能和用户运营都还不够完善，公司为了完成 KPI 而硬拉用户数量，可能不仅无法取得产品收益，还有可能引发用户差评，将产品推向万劫不复之地。

“今夜酒店特价”在 2011 年 9 月上线，第二天就冲到了苹果 App Store 排行榜总榜的第二名。这款产品主要为用户提供酒店当天的特价房预订服务，其平均价格能做到携程价的 5～7 折，但是只有晚上 6 点钟之后才能享受这个特价。

今夜酒店特价产品宣传

“今夜酒店特价”和唯品会的商业逻辑相同。衣服过季就要打折，酒店的房间如果今天卖不掉，也不能留着明天卖。所以酒店将房间低价出售给平台，平台可以再便宜卖给用户，酒店可以清库存，又可以省钱；平台可以赚佣金。这样的产品模式看起来没错，但是在实际操作中，在很多环节没有完善的情况下就向市场推出产品，风光之后未能获得用户认可。

由于产品模式较为新颖，可以满足部分用户对于特价房的需求，在上线之初，“今夜酒店特价”获得了包括央视在内的 200 家媒体的报道，瞬间获得了百万级的用户。

但这款产品却在风光之后迅速走向没落，虽然有百万级的注册用户，但是订单量却始终处于停滞状态，这又是为什么呢？

（1）用户不愿意或者不能支付，200个订单中最后支付成功的只有10个。

“今夜酒店特价”合作的支付平台是快钱，尽管快钱在移动支付上已经发展很快，但依然是连招商银行都不能支持，而包括支付宝在内的诸多移动支付方式在当时还很不普及，所以用户下单之后就陷入了无法支付的窘境。

（2）用户觉得酒店太少，覆盖不够，附近没有可以去住的酒店。

产品上线初期，“今夜酒店特价”只开通了北上广深四个城市，每个城市每晚只放出10家酒店，其将用户和订单都导入这10家酒店，进一步巩固关系和压低价格，待订单量过载时再增加上线酒店数量。但很明显，每个城市10家酒店远远无法满足用户对于特价酒店的需求，这也导致了用户下载产品之后没什么用处。

今夜酒店特价产品界面

“今夜酒店特价”虽然很早获得了百万级用户，但是在产品功能不完善的情况下，百万用户的差评瞬间让这款产品跌入了低谷。虽然产品团队迅速对产品功能和运营方式进行了优化，但是对于之前下载又卸载的用户来说，已经不可能再给“今夜酒店特价”第二次机会了。

那么在用户层面，我们应该关心的是什么呢？

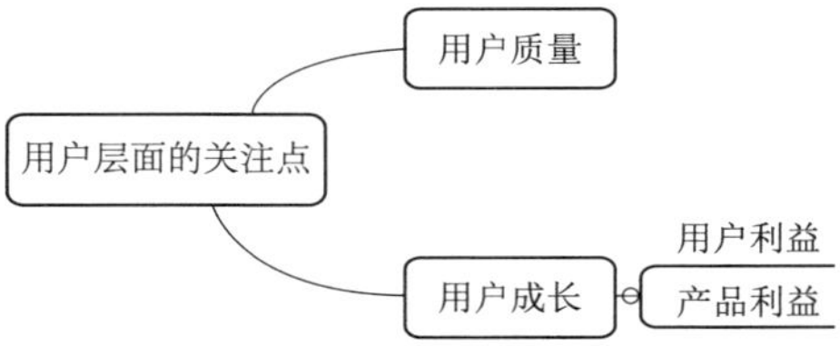

用户层面的关注点

1. 用户质量

留存率:用户在使用产品后的次日留存和七日留存,这两个留存率可以反映用户是否真的在使用产品。

使用时长:高质量的用户跟低质量用户的使用时长是存在差异的,高质量的用户在产品内所消耗的时间相对较高。

除了留存率和使用时长,不同的产品还有不同的指标来衡量用户质量,需要根据不同的产品功能和使用场景来判断。

2. 用户成长

用户成长指的是用户在产品内付出的时间成本和金钱成本,甚至感情成本,用户在产品中付出的成本越多,对产品的黏性就越强。

一般来说,用户成长可以同时获得用户利益和产品利益。做用户成长主要有两大目的:一个是用户利益,一个是产品利益。

用户利益:通过对用户的激励,使得用户在产品内获得成就感和满足感。对于用户来说,他在产品内的所有行为都是获得回报,比如外卖产品可以给用户提供便捷的服务,音乐产品可以给用户提供愉悦的感官享受,用户在成长的过程中可以获得产品带来的愉悦感。

产品利益:用户成长可以增加用户黏性和活跃度。通过采取不同的运营策略,让产品在用户成长中获得利益,比如用户在享受外卖产品带来的便捷服务时,也需要向外卖平台支付配送费,给商家支付商品订单费用。

2016 年 8 月份,视吧 App 为了提高注册用户数,开展了“现金排名活动”,新用户开通直播后,每天播十分钟,就可以拿下产品内的排名奖,在没有打赏的情况下可以获得 10 元收入,第二天 30 元,第三天 30 元;对于直播内容没有明确规定,可以不说话、不露脸。

在现金排名活动开始之后,很快有大量的注册用户在平台开始直播,但是这些直播完全无法给产品带来任何利益,只是单纯的刷用户量,甚至有人用单个账号主播，其余小号去刷礼物，一天收入数万元。

视吧 App“现金排名活动”

据 CBInsights 新媒体数据统计，截至 2016 年底，视吧 App 活跃用户仅有 112 万，与其投入的 16 亿资金极其不成比例，主播和用户的质量都相对较低，更别提用户留存率和忠诚度了。

随着近年来互联网补贴愈演愈烈，似乎不给用户争取一点补贴，都没法给用户交代。这些补贴固然可以在短期内带来大量的用户数量，但其中有很多用户都是冲着补贴来的；领完补贴之后很快成为沉默用户。

那么在追求用户质量和用户成长的过程中，有哪些点是需要我们注意的呢？

(1)在追求用户满意度的同时，找到用户和产品的平衡点。

不管是做产品上的迭代，还是做运营方式的更新，首先要做到的就是用户和产品之间的平衡点。用户在产品更新过程中是否保持了足够的黏性，是否出现了规律性的用户流失。在确定产品符合用户期许之后，才可以继续之前的工作，否则连用户数量增长的基本目标都无法达成。

(2)获取有质量的用户增长，而不是单纯的数量增加。

互联网产品的补贴并不是给用户薅羊毛的机会，而是通过一定比例的补贴来提高付费用户的比例。打个最简单的比方，在用户新手期，产品发放的多是无门槛红包，而在用户成熟期，发放的多是满减券。前者多是为了吸引新手用户注册使用，而后者则是促成用户在产品内产生交易，从某种意义上来说，用户的客单价越高，其用户质量就越高。

(3)把握用户增长节奏，有时候用户增长缓慢并不一定是坏事。

有质量的用户增长其实就是用户留存率和忠诚度的问题，大力度的营销固然能够给产品带来很多用户；但在用户增长缓慢的时候，产品人员可以把更多的精力和时间放在提高留存率和培养忠实用户上。

在这一点上，在用户成熟期，工作比起来增长期，其实还是相对简单一点，只要之前新手期和增长期从 0 到 1 的工作基础做好就可以了。

在用户成熟期，普通的产品经理完全可以根据用户反馈来开展工作。虽然普通用户对于产品的认知多停留在表面，但是产品人员通过用户反馈的表面问题，至少可以让成熟期的用户数量维持相对稳定。

如果你觉得无法把握成熟期的产品节奏，可以按照下面的步骤来进行。

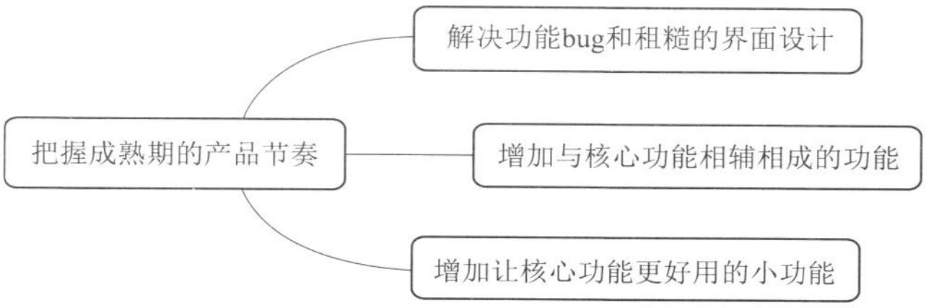

把握成熟期的产品节奏

(1)解决功能 bug 和粗糙的界面设计。

(2)增加与核心功能相辅相成的功能。比如滴滴出行上线单车业务后的月卡服务和优惠券服务。

(3)增加让核心功能更好用的小功能。比如为了解决看文章和聊天的矛盾，微信引入了“浮窗”功能，用户可以将文章或网页悬浮在聊天界面，既保证了阅读的流畅又可以及时回复信息。

对于微信这种巨无霸产品而言，这样一个小小的改动，就大大提高了很多用户在看文章时候的满意度。

用户增长小贴士

用户增长不仅要看数量，还要看质量。

6.1.3 警惕互联网世界里的“僵尸”

很多互联网产品声称注册用户数突破百万千万，看起来数字很光鲜，但如果其中大部分都没有使用过平台服务，而是拿了平台补贴之后，就成了再也没有动静的僵尸用户，这对于产品来说，是非常可怕的。

我们在日常的运营活动中会经常看到这样的案例，当产品推出补贴活动时，用户单纯地为了抢红包或者享受优惠而使用产品；而在之后没有补贴活动的情况下，产品无法创造足够的使用场景，随着用户对于产品功能的倦怠，自然而然就会选择卸载。

只有产品本身的功能或者内容能够黏住用户，让用户日常中的高频需求得到满足，就不会在激烈的市场竞争中被淘汰；反之，如果只是满足了用户的边缘化需求或者低频需求，比如上文中提及的“今夜特价酒店”，对于哪部分用户需要在每天的特定时间段去选择特价酒店，这是前期的产品策划人员所必须要考虑清楚的。

虽然有的互联网产品对于僵尸用户视而不见，毕竟一个僵尸用户也算得上是产品的用户之一；但对于产品来说，僵尸用户绝对不是一件正常的事情，不管是不是在这些僵尸用户身上付出了补贴，累计如此之多的僵尸用户，会让整个产品在用户中的口碑产生断崖式下滑。

如果在淘宝上搜索“微博”等关键词，会发现很多商铺是提供“微博推广服务”的，而实际上它们其实就是出售僵尸粉丝，价格非常便宜，新浪微博1 000个僵尸粉丝只要5元左右。

而且现在的僵尸粉丝不再像之前机器注册的僵尸用户，只有从网上下载的模板头像和几条随机转发的微博，而是更加像真人用户，比如所有的博文均为转发，少的有几十到几百条，多的甚至上达几千条，但是没有任何原创内容，而且关注和用户数和粉丝数也都在一千左右。

淘宝关键词“微博”搜索结果页

随着微博对于认证功能的放宽，认证的微博用户也出现了大量的僵尸用户和微商用户，这部分用户不会产生任何实质性内容，只能不断地成为其他用户的粉丝，并分享垃圾营销广告。

从目前来看，微博上的僵尸用户正在呈现泛滥的趋势，而且随着互联网用户注意力从微博转移到微信朋友圈，微博上的僵尸用户数量可能会越来越多。

但这种僵尸粉丝，还是微博产品对“粉丝”的定义吗？显然不是，在微博上线的早期，涨粉 1 000 对于用户来说是一件非常有成就感的事情，这意味着他得到了更多互联网用户的认可。而现在只需要 5 元就可以买到 1 000 个僵尸粉丝，这些僵尸粉丝不会跟博主进行任何互动，而仅仅只是一个粉丝数目。这让很多喜欢在微博上分享内容的用户慢慢退出了微博——反正做好的内容也不会有人转发点赞，也不如买僵尸粉来得快。

僵尸粉丝对微博内容生态环境的破坏是显而易见的，这造成了很多希望在微博上获取有价值信息的用户因为僵尸用户的存在而退出微博，这又造成了更多僵尸用户的存在。

对于真实的僵尸用户，即使用一段时间后进入沉默期的用户而言，可否通过运营手段重新将其唤醒呢？我们来看看如何用补贴将僵尸用户变成活跃用户的。

2017 年春天，摩拜和 ofo 在共享单车的领域展开竞争，双方在补贴上也投入了大量的补贴和优惠券；但是共享单车本身的客单价很低，每个订单的价钱大概是 1 元左右，所以免费骑车对用户的吸引力下降之后，摩拜推出了红包单车。

红包单车解决的不仅是僵尸用户的问题，还解决了僵尸单车的问题，当共享单车不仅可以满足出行需求，还可以给用户奖励时，原本觉得摩拜可有可无的用户也会选择摩拜单车。

同时，通过线上红包的投放策略，可以主动引导用户寻找僵尸单车重新投入使用，这就大大减轻了摩拜线下运维人员的压力，当单车长期停在偏僻地方不易寻找时，红包补贴让这部分僵尸单车的利用率大大提高。

通过摩拜红包单车的案例，你有没有发现互联网用户从僵尸用户变为活跃用户的一个关键点在哪里？

随着互联网的发展，用户获取内容的方式已经从早年的主动搜索变成了被动获取，相对于在百度上搜索新闻关键词，用户更加倾向于今日头条等 App 主动推送的新闻。

而在大的互联网市场环境中，可以看到更早在互联网行业获得话语权的产品凭借马太效应可以获得更多的用户，而后起之秀的产品大多只能通过深耕细分领域的用户群体，比如知识分享社区的知乎、短视频抖音等产品，虽然没有巨头的流量支持，但是凭借主动推送内容和补贴，也做得风生水起。

在面对互联网中的“懒用户”时，有趣内容和红包补贴是相辅相成的，用户在拿了红包补贴之后，还能对产品内容产生持续的兴趣，这才不至于从一个活生生的用户变成僵尸用户。

用户增长小贴士

僵尸用户出现的原因往往是产品功能不具备吸引力。

6.2 花钱买来的用户有忠诚度吗

6.2.1 如何更好地制订补贴策略

在增加产品用户的过程中，补贴是绕不开的一个环节；如何将补贴的作用最大化，而不是把钱砸了出去没有一点动静，这是产品运营人员尤为要注意的问题。

用于补贴的资金资源越细化，就越能提高资源资金的利用率，进而提高用户的规模和质量，这就是花钱由因得果。而用于补贴的资金资源越粗化，可能表面看起来风光，但实际上花钱买来的用户是不是产品发展所需要的，就有待商榷了；如果补贴花完的那一天，用户也停止增长，这就是补贴不当的"报应"了。

1. 不同用户生命周期的补贴策略

对于不同生命周期的用户群体，补贴也要讲究对应的策略。

(1)新手期用户。

如上一节所说的，拉新过程中最容易出现的错误就是给新用户发送了大量的补贴，用户的客单价很低，交易频次与补贴多少呈正相关，这其中就会夹杂很多的非目标用户。

最好的办法就是比较产品客单价和获客成本之间的差距，把获取用户的成本控制在应有的范围之内。

比如客单价一般是50到100元，获客成本是5到30元，那么用户补贴完了之后的价格最好控制在40到100元之间；如果补贴太多，相对于获客成本而言，就太不划算了。

（2）成熟期用户。

成熟期的用户已经在产品内部进行过单次或者多次交易，对于这部分用户而言，补贴的重点在于提高用户的客单价和交易频次；并通过用户分层将质量不高的用户剔除出去。通过用户的历史订单补贴率、历史单均价以及主动获取优惠行为（包括领取优惠券的渠道、商家满减凑单活动、拆单获取优惠、高频消费折扣商品等行为）可以将用户主要分为三个层次：

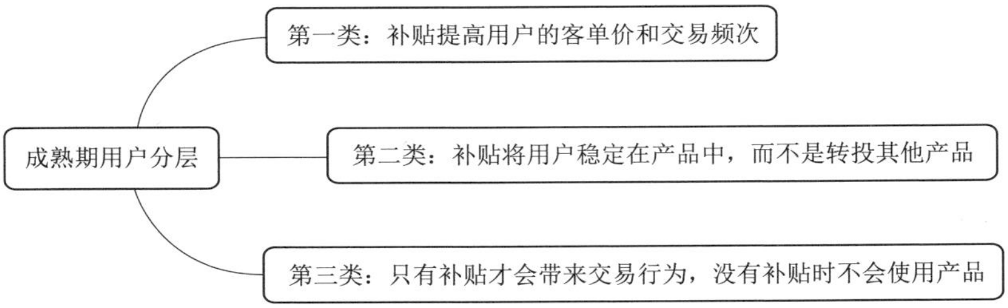

成熟期用户分层

可以看到第一类用户其实是产品人员最希望看到的用户。不论补贴的额度多少，这部分人都会因为补贴而提高客单价，当客单价的增长幅度大于补贴时，产品就是赚的。

第二类用户是需要产品主动拉取的，他们会因为补贴的多少而选择不同的平台，也会因为某一平台用户体系或者运营活动而培养起来忠诚度。

第三类用户则是可以选择减少补贴的，因为“薅羊毛”的用户很难对产品贡献价值，他们追逐的更多是产品补贴，而不是真正的使用产品。

（3）衰退期用户。

当用户进入衰退期之后，不管是核心用户，还是活跃用户，在整体上都处于流失状态，甚至是加速流失。

所以这个阶段的补贴原则，就是想方设法让用户再次活跃起来，让用户重新回到稳定状态。这个时候运营人员要考虑的就是补贴最大值和获客成本之间的差距，如果已经进行了最大力度的补贴，用户还是无法重新进入稳定期，那么这个用户就已经成为流失用户，在后期无须进行再次补贴。

2. 不同行业和时间段的补贴策略

除了根据用户生命周期的不同阶段进行补贴之外，还需要根据行业和时间段等因素进行针对性的补贴。

(1)行业维度。

行业内的补贴往往是竞争导向，也就是在竞争中获胜的产品获得大部分用户，而失败的那一方获取相对较少的用户，甚至被胜利一方并购。这在互联网产品中并不少见，包括出行、电商和支付等诸多行业，都呈现出第一名拥有绝大多数的市场份额，第二名占有少数份额，最后剩余的份额被其他产品分享。

而在竞争过程中，胜者享有补贴带来的用户和收益，败者的补贴则意味着打了水漂。

2014 年 1 月 10 日，滴滴打车推出乘客免 10 元、司机奖 10 元的补贴政策；1 月 20 日，快的推出同样的补贴政策。2014 年的整个春节，全国人民在两个打车软件的补贴中愉快度过。

2 月 17 日，快的打车宣布乘客返现 11 元，司机奖 11 元，并宣称永远会比竞争对手多 1 块钱。2 月 18 日，滴滴宣传乘客返现 12 元，当天，快的打车宣布乘客返现 13 元。

截至 2014 年 5 月 17 日，滴滴补贴费用超过 14 亿元，快的补贴费用也超过 10 亿元。如此巨额的补贴成功培养了用户出行的打车习惯，并将支付宝支付和微信支付拓展到了更加广泛的使用场景。

在这场补贴大战中，滴滴和快的都不遗余力地把补贴进行到底，期待着能熬到“剩者”为王的那一天，因为熬不下去的公司只能被迫出局。

而这场补贴战的结局大家也看到了，滴滴收购快的，快的产品彻底从出行领域出局。

在移动支付行业，滴滴和快的的补贴只是微信支付和支付宝的一次非正面较量。在 2017 年 7 月 31 日，支付宝宣布，从 8 月 1 日到 8 月 8 日一周时间内，提高支付宝支付的奖励金，消费 2 元以上可能有 4 888 元奖励。

微信支付同日宣布，从 8 月 1 日开始，持续整个 8 月，微信将通过鼓励金、代金券和现金红包等多方面进行补贴，例如鼓励金可积累、分享给好友，商家可以通过小程序在群里发优惠券。

2016 年第一季度腾讯旗下移动支付的市场份额仅为 23%，而在 2018 年第四季度，微信支付的市场份额已经上升到了 38.87%。

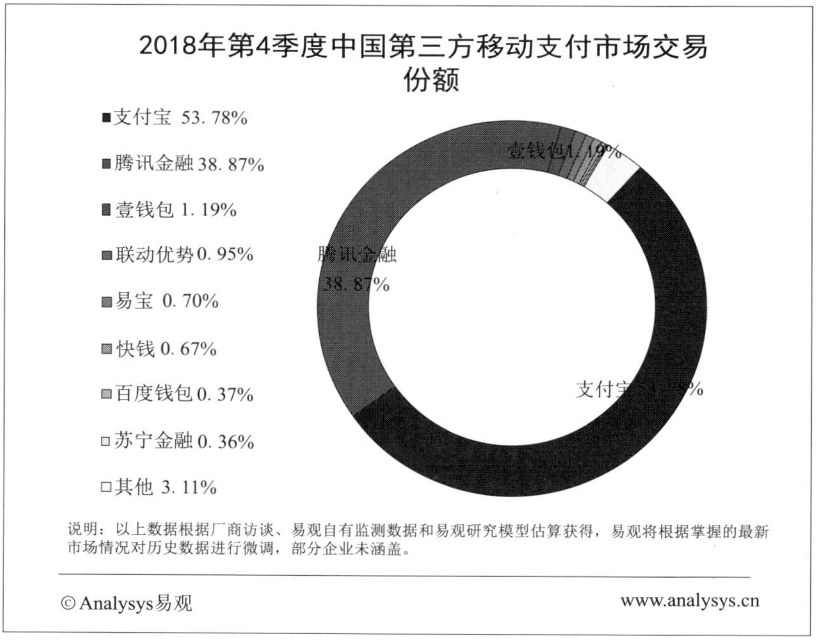

2018 年第四季度移动支付市场交易份额　　（数据来自易观国际）

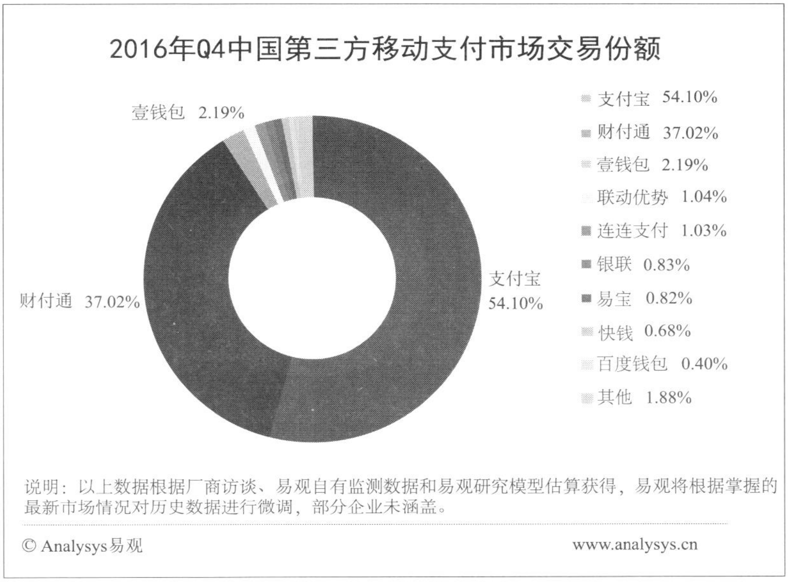

2016 年第一季度移动支付市场交易份额　　　（数据来自易观国际）

不同的行业在单次补贴金额和整理补贴力度上都会呈现出不同的状态，最后取得的结果也不尽相同。网约车作为低频应用，在市场开拓期间，如果每一单的补贴金额较少，势必无法吸引足够多的用户使用；而移动支付作为高频应用，用户大多只面临平台选择的难题，谁可以提供的优惠场景多，谁发出来的补贴频次高，就会让用户使用哪个产品多一些。这也是为何微信支付和支付宝在补贴这件事情上做了很多文章，但仍然不分秋色。

（2）时间维度。

从时间维度来说，补贴多用于平衡用户在不同时间段的供需关系，动态调整用户的使用频次和交易频次。

在产品处于供不应求状态时，不需要产品进行补贴，用户也会自发的使用产品，并可能会形成抢购状态。比如说恶劣天气的网约车，用户在此时间段有大量的产品需求，在网约车司机数量保持一定的情况下，无需对用户进行补贴，此时反而可以对司机进行补贴。

在产品处于供过于求状态时，使用产品的人数过少。在这个时间段，产品可以通过补贴刺激用户在产品内产生行为，比如晚间八点之后的外卖产品，在此时间段，大部分用户均已完成正常时间段的用餐，为了不浪费商家资源和骑手资源，外卖产品会向用户发放仅供夜间使用的优惠券，用于提高这个时间段内的活跃用户数。

除了行业维度和时间维度，想要用补贴获取好的效果，还需要根据市场环境和竞争对手进行随时调整。

在市场出现需求疲软和用户增长乏力的情况下，用户补贴可以在一定程度上改变疲软的市场态势，帮助产品走出市场困境；但是补贴绝不是市场的拯救者，它只是在市场整体需求疲软的时候为产品争取到更多的用户量和交易量，帮助产品度过产品疲软期。

在同一行业的竞争对手采取激进的补贴策略时，会对产品本身造成很大的压力，这个时候如果不跟进补贴，用户就会持续性地向竞争对手流动。一般情况下，如果竞争对手开始对用户进行补贴，要快速跟进。

美团作为O2O行业的市场先入者，在2010年3月4日正式上线后，年度活跃买家数已达1.3亿，在O2O领域本来积累了相当扎实的先发优势；但是由于BAT等竞争对手先后加入O2O行业，腾讯入股大众点评，百度重金投入糯米，阿里巴巴扶持口碑网，三家竞争对手都在O2O领域投入了大量的资金补贴。

在此情况下，如果继续之前稳扎稳打的缓慢布局，美团在之前所取得的优势可能会在短期内就丧失殆尽。在2015年，面临饿了么、百度外卖的汹汹来势，美团点评快速跟进，跟饿了么、百度外卖展开了外卖补贴战，最终让百度外卖退出市场，保住了自己在O2O行业内的市场份额。

用户增长小贴士

花钱可以买来用户，但研究用户生命周期和行业特征可以避免败光预算。

6.2.2 如何将有限的补贴花在刀刃上

补贴固然会给产品带来很好看的用户数据和运营数据，但是补贴也有花完的时候。当面临补贴预算不足的时候应该怎么办呢？

很多互联网公司在拉用户的时候，都避免不了花钱做活动，这种思路本身没错：有了用户规模之后，就可以从用户身上取得规模经济的发展。

但这种思路有一个前提，就是产品本身具备留存用户的能力，当用补贴将用户吸引到产品中后，产品本身可以将用户留下来，而不是一直用补贴来吸引用户，否则产品只是用户攫取补贴的存在。

因此在发起补贴之后，要分析补贴带来的用户留存率是否正常，新老用户的比例是否正常。如果补贴带来的用户大多属于单次消费，或者产品中的活跃用户大多都是来自补贴新拉的用户，这肯定是不正常的。

如果产品本身无法把用户留下来，那么当补贴预算花光的那一刻来临，就宣布产品死亡了。那么如何将有限的补贴花到刀刃上呢？

1. 选用合适的补贴方式吸引用户

在之前的章节里，我们已经分析了常见的补贴形式，包括优惠券、红包、返现、满减、折扣等方式，在具体的行业，可能还会有特定的补贴方式，比如外卖行业会有免运费补贴或者到店自提补贴等。

不管是哪种补贴方式，都需要在对用户进行补贴之前明确补贴目的是什么，是拉取新用户还是唤醒老用户，是提高订单数量还是树立产品口碑。

拉取新用户多采用立减、满减的补贴政策，比如支付宝、云闪付等支付平台在刚进入线下支付时，联合商户推出了立减、满减的政策，不仅可以刺激用户消费，对获取新客户和培养用户消费习惯都有所帮助。

2018 年，云闪付在多省市推出刷银联乘车码，享“1 分钱乘车”的活动，在天津等地，用户使用云闪付 App 乘车码或手机 Pay(包括 Huawei Pay、Apple Pay、Samsung Pay、Mi Pay 等)乘车，可享“1 分钱乘车”优惠，单用户每日限享 2 次优惠；乘客通过银行卡闪付(带有银联“闪付”标识并开通小额免签免密服务的金融 IC 卡)乘车，也可每日享受 2 次 1 分钱乘车优惠。

云闪付 1 分钱乘车宣传图

在此之前，云闪付也曾推出过手机充值立减优惠活动，用户通过云闪付 App 进行手机充值，并通过银联在线支付成功付款，即有机会享 50 元立减 10 元优惠。

截至 2018 年 10 月，云闪付 App 总用户数量超过 9 000 万，日均活跃用户是上年的 6 倍。

提高订单数量则可以考虑跨店铺或者同品类的优惠券。跨店铺满足满减梯度后，需要在多家店铺进行商品购买，达到满减金额才可以享受跨店满减优惠，用户在交易过程中不可避免地要从多家店铺进行购买，促进商家的订单数量。

而同品类优惠券则是根据商品所属类目发放的优惠券，用户需要在同品类商品下达到满减金额，同样可以提高不同品牌产品的订单。

如果在补贴之前不明确目标就广撒网，最后极有可能补贴花出去了，各方面取得的效果都很不明显，完全没有发挥补贴拉动用户的作用。

2. 把补贴花在最应该补贴的用户群

在上一节内容中,我们分析了补贴对于不同生命周期的用户有什么样的作用。那么在预算有限的情况下,应该把补贴花在哪些用户群体呢?

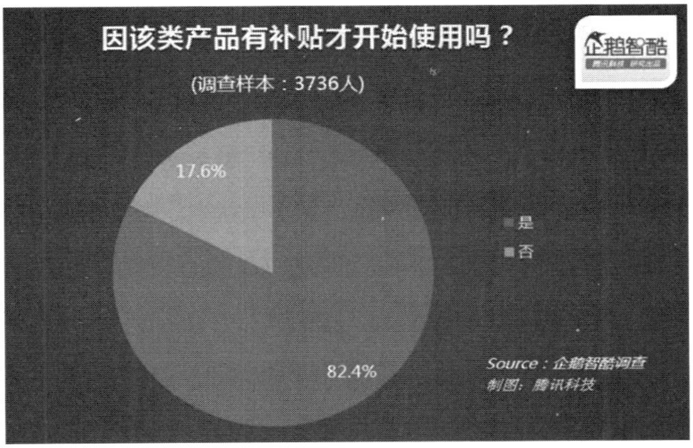

产品补贴对于用户的影响　　　　（数据来自企鹅智酷）

一般来说,用户的新手期是最需要补贴的时期,这个阶段的用户对产品的了解处于懵懂状态,补贴可以让用户更快的熟悉产品使用流程。据数据显示,82.4%用户认为补贴是他们了解某类产品并开始使用的原因,只有17.6%的用户对此不赞同,因此在用户新手期,补贴确实是拉取用户的法宝之一。

在新手期的补贴力度应当是由强变弱的,当用户形成产品使用习惯之后,就可以停止补贴。

而在用户成熟期,则需要对补贴敏感度和客单价都较高的用户进行补贴。这部分用户在受到补贴刺激后会进行商品交易,提高产品本身的核心价值。这个阶段,应当避免将补贴花在补贴敏感度较高,但是客单价较低的用户身上。这部分用户会白白消耗产品补贴,而不会带来符合补贴数额的产品收益。

在用户衰退期则应该与产品功能的迭代保持节奏一致。当产品可以进入下一步用户增长期的时候,就需要针对新的产品功能进行补贴,如果是通过产品矩阵的扩展进行用户增长,那就可以放缓老产品的补贴了。

在整个补贴过程中，还需要根据市场环境和竞争对手的变化进行改变，但总体来说，当补贴预算有限的时候，应该尽量把补贴放在可以真正拉来留存用户的环节。

在滴滴和 Uber 的几轮补贴大战过后，现在的网约车市场上，已经看不到大规模的高额补贴。看起来这像是网约车从头重新开始，但其实这才是网约车市场的真正状态。

对于用户来说，性价比才是产品运营的目的，当各大网约车公司在补贴上不再投入大量预算之后，才能将市场上可以提供更优质服务的私家车、自营车辆、租赁公司车辆纳入进来；把真正需要高质量网约车服务的用户群体稳固下来，摆脱网约车价格低、服务差的刻板印象。比如滴滴在快车服务基础上推出了礼橙专车，提供车质车况和较优质的司机服务，在深圳等试点城市推出豪华车服务，试图通过更加优质的服务赢得用户。

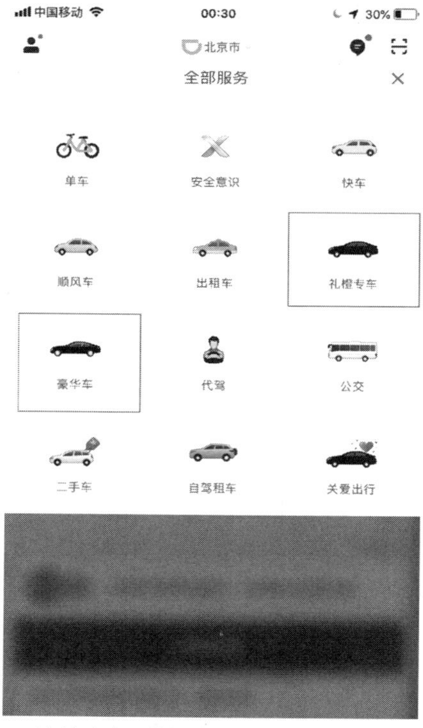

滴滴出行：礼橙专车及豪华车业务

对于产品来说，将原本投放在快车上的补贴逐渐转移到专车市场上，可以让更多需要网约车服务的用户产生交易行为，而不是让没有忠诚度的用户来“薅羊毛”。虽然专车的价格相对更高，但在补贴之后，还会保持在网约车目标用户的可接受范围之内。

通过补贴方式和用户生命周期的区分，可以在一定程度上改善补贴的效果，帮助产品用更少的预算获取更多的用户。

对于不同产品的不同阶段，需要综合考虑补贴方式的使用，建立用户不同阶段的补贴策略，才能花更少的钱，办更多的事儿，让每一分补贴预算都花在刀刃上。

用户增长小贴士

花最少的钱办最多的事儿，把补贴花在最值得补贴的用户身上。

6.2.3 如何应对“薅羊毛”的黑产业

在产品补贴的过程中，最让人无可奈何的是什么？

这个让很多运营人员谈之色变的群体就是“羊毛党”。只要产品发补贴，就会有用户来“薅羊毛”，补贴力度太小吸引不了普通用户，补贴力度大了又会让“羊毛党”占用了普通用户的名额，这才是产品补贴中最让大家头疼的事情。

“羊毛党”最开始兴起于电商和团购平台。当电商或者团购平台的运营活动中出现低价活动时，“羊毛党”会使用大量的手机号码和账号参加平台活动，获取低价订单，再以低于市场价的价格转卖出去，赚取差价。

之前在外卖、电影票、美容、洗衣等平台上曾经出现过大量的“羊毛党”，如果不对这些“羊毛党”做区分，最后平台看起来是增加了流量，但实际上并没有留下太多忠实用户，“羊毛党”在占完便宜之后就会火速转移到下一个平台。

在电商和团购平台之后，“羊毛党”又转战到网约车领域，帮助司机疯狂刷单，通过伪造 LBS（定位）位置叫车，待刷单的司机接单后，关闭定位并完成行程，随后支付车费，司机会返还“羊毛党”的订单费用并平分平台的补贴，这种刷单行为给平台带来了很多的虚假订单和补贴损失。

从运营方面来说，补贴的力度越大，就会吸引更多的活跃用户，但也会吸引越多的“羊毛党”。这部分人通过购买大量的手机卡来完成用户注册和下单的交易，现在大部分“羊毛党”已经可以通过猫池① ＋自动化管理软件实现短信批量接收验证码的功能，极大地降低了批量“薅羊毛”的难度。

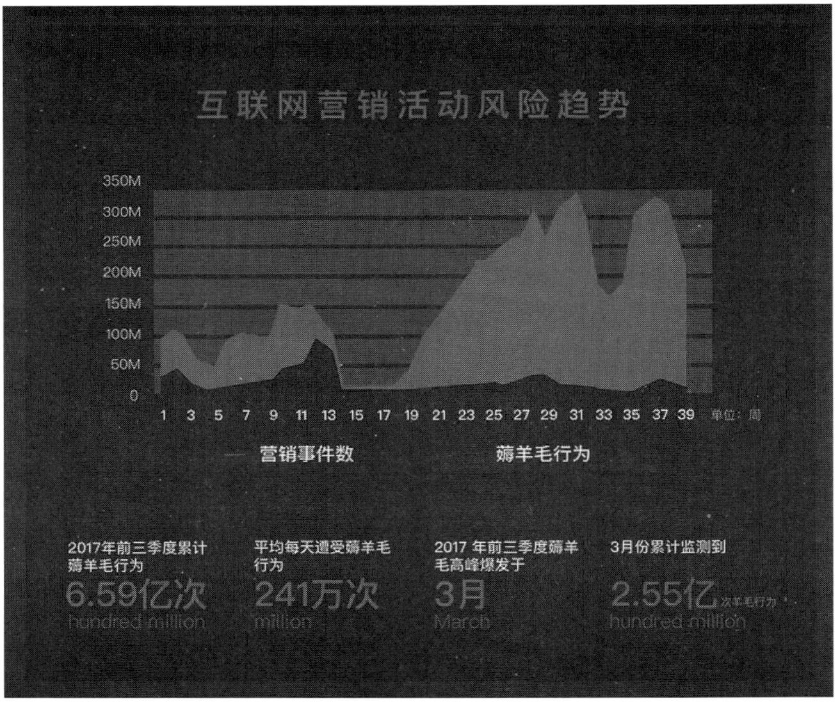

2017 年前三季度“薅羊毛”次数

---

① ［猫池］猫池是将相当数量的 Modem 使用特殊的拨号请求接入设备连接在一起，可以同时接受多个用户拨号连接的设备，可用于短信集群收发。

据数据统计，2017 年前三季度的“薅羊毛”行为共计 6.59 亿次，平均每天产品遭受“薅羊毛”行为 241 万次。几乎每次产品营销行为，都会伴随着对应的“薅羊毛”行为。其中“羊毛党”团伙掌握的手机号数量达到 250 万个，这对任何想要把补贴送到真实用户手里的产品来说，都是非常可怕的。

1.“羊毛党”分类

一般来说，“羊毛党”主要分为以下几个群体。

(1)赚客类。

我们经常在赚客吧等论坛上可以看到大量羊毛信息，这些信息多是网友们自发分享，或者赚客类网站统一收集后分享，以此来增加网站浏览量。但这些信息偶尔也会给产品方带来巨大的损失。

(2)产业链。

过去几年间，“羊毛党”已经向专业化和职业化的道路上发展，他们掌握了在“薅羊毛”过程中所需的各种资料、手段和工具，比如手机号、邮箱号、身份证、支付宝账号等信息，并与手机卡商、黑客和市场销售形成了产业化运营的链条关系。

其中，手机卡商属于最上游的群体，为专业“羊毛党”提供手机卡和用户信息，“羊毛党”所采用的卡大部分是物联网卡，也就是被广泛应用在共享单车上的手机卡。这种卡月租极低，有的是零月租。可以以公司的名义批量购买和注册，从而绕过了严格的手机卡实名。还有少部分的实名卡和海外卡。

黑客负责发现产品中的漏洞和补贴缺陷，提供自动化工具，进行批量化的“薅羊毛”；专业的“羊毛党”管理人员则负责管理论坛，成立微信群或 QQ 群吸引用户。

2. 应对策略

为了防止“羊毛党”将产品补贴恶意套现，产品人员可以通过运营策略和技术等方面进行防范，将补贴真正送到目标用户手里。

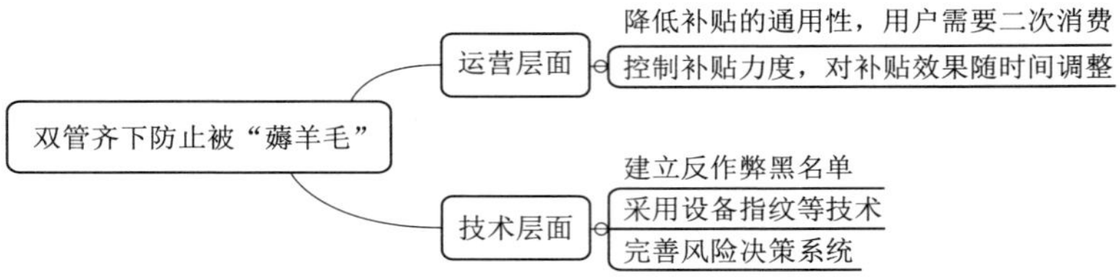

双管齐下防止被“薅羊毛”

（1）运营方面。

①降低补贴的通用性，采取用户需要二次消费的补贴形式。

如果采用现金补贴或者可提现的补贴形式，极易引发上文中快操盘的案例，但如果采用满减券、品类券等形式，用户必须在产品内进行二次消费才能享受到补贴，这样会明显降低专业“羊毛党”“薅羊毛”的风险。

②控制补贴力度，对补贴效果进行随时调整。

这是所有产品运营最头疼的事情，如何平衡补贴、效果和“羊毛”之间的关系，是做补贴时必须要面对的事情。在补贴发出去之后，可以根据用户参与的力度来增加或者减少补贴力度，同时在什么值得买、赚客吧等网站上监控关键字段，判断是否有故意刷单的“羊毛党”领取产品补贴。比如用户在某一个时间段内通过同一地址下了很多订单，而且每一单都利用了产品的补贴，这就需要判断是否需要进行砍单，因为普通的用户不需要如此之多的商品，也没有资金进行如此频繁的交易，这就属于常见的“薅羊毛”行为，最后平台的补贴只会进入少数非目标用户的口袋里。

笔者在电商行业中经常碰到类似的“羊毛党”。在一次新产品上线后，我们通过微博大V、豆瓣以及论坛等多种形式发布了促销活动，以低于市场价一半的价位售卖一套母婴用品。在产品上线的第一时间，除了很多普通用户外，就出现了多个用户ID、多个手机号和同一收货地址的“羊毛党”。一般来说，以手机设备号、手机号码、收货地址、交易时间等维度可以进行简单的判断，但在面对专业化的“羊毛党”时，还需要通过技术手段进行甄别。

(2)技术方面。

①建立反作弊黑名单。

一般“羊毛党”“薅羊毛”的第一步就是利用大量的手机黑卡，使用程序批量完成注册，通过验证短信完成平台注册。通过建立反作弊黑名单，在注册环节对用户进行过滤，对虚假注册、机器注册、恶意注册的用户进行拦截，识别虚假用户，将很大一部分的“羊毛党”拒之门外。

②采用设备指纹技术。

设备指纹是很多平台防范“羊毛党”的技术手段，由于“羊毛党”从批量注册账号到交易下单需要在终端设备上操作，设备指纹可以检测账户与设备的关联关系，识别设备用户的行为轨迹。当识别出大量的用户在同一设备上进行操作时，即可判断其可能存在虚假用户行为，从而避免“薅羊毛”行为。

③完善风险决策系统。

通过大数据分析，在大量用户行为数据的基础上，从营销补贴、注册登录、交易支付等多个环节进行动态监测，实时预警用户的“薅羊毛”行为，在出现大规模的用户虚假操作时可以进行及时阻断。

通过运营层面和技术层面的多管齐下，可以让产品投入市场的补贴得到有效利用，减少因“羊毛党”带来的损失，为产品带来更多的目标用户。

用户增长小贴士

“薅羊毛”是人类天性，如果不能避免这一点，至少别让羊被薅得太疼。

【案例分析】“羊毛党”出征，寸草不生

随着近年来互联网行业的跑马圈地，为了尽快获得用户基础，培养用户在产品内部的消费习惯，补贴已经成为广大用户喜闻乐见的一件事情。一个新产品上线之后如果不给用户一点补贴，似乎都说不过去。

这就催生了一批“羊毛党”的产生，这些善于搜集补贴信息的人在羊毛网站或微博上建立起了“羊毛党”组织，当发现网络上可以薅羊毛的补贴时，就一拥而上去赚取产品补贴。

久而久之甚至诞生了“羊毛党”的黑色产业，他们利用手中的羊毛资源进行刷单刷量，获取经济效益，甚至出现了专门的“羊毛党”公司，凭借手中掌握的几千万个苹果账号进行Appstore的刷单业务，从而影响每日Appstore中游戏的下载排名，仅仅一个月就可以达到两三个亿的流水，这严重破坏了平台和产品在用户心中的公平性。

1. 个人“羊毛党”

个人“羊毛党”主要出现在平台上的各种活动补贴中，通过倒手转卖或者赚差价的方式来获利。

之前京东上有一款“0元购”的斐讯路由器非常受用户欢迎，之所以会有如此之多的用户购买，是因为这台标价399的路由器宣称购买后可“返399”，也就是用户免费获得一台路由器。

购买斐讯路由器的用户将这种“薅羊毛”行为称之为“上车”，新用户可以直接0元购买路由器获利，老用户则需要在联壁金融购买理财产品。这种现象看起来是双赢的，用户通过短期的小额投资获得收益，斐讯和联壁金融大大降低了自己的获客成本，只需要补贴几十块钱，就可以让用户成为平台长期的忠实用户。但是当联壁金融在2018年6月21日出现挤兑风波时，还没来得及“下车”的羊毛党就被联壁金融给坑了，涉及金额超过百亿。从涉及金额的大小也可以看出来全国有多少用户在薅斐讯路由器的羊毛。

这种以个人为主体的“羊毛党”可以在一段时间内从产品和平台赚取补贴，但是当平台出现问题时，就会让一波“羊毛党”翻车。

2. 职业“羊毛党”

在个人“羊毛党”难以将“薅羊毛”规模化时，互联网行业里出现了大批的职业“羊毛党”，这些人利用产品设计或技术上的漏洞，通过手中掌握的大量手机号池将“薅羊毛”做成了黑产业。

2017 年，摩拜、ofo 先后推出红包单车。红包单车的初衷是以补贴刺激用户使用，鼓励用户去使用长期闲置的单车，实现单车的潮汐调度。但只要有“红包”两个字出现的地方，就会出现“羊毛党”的存在。

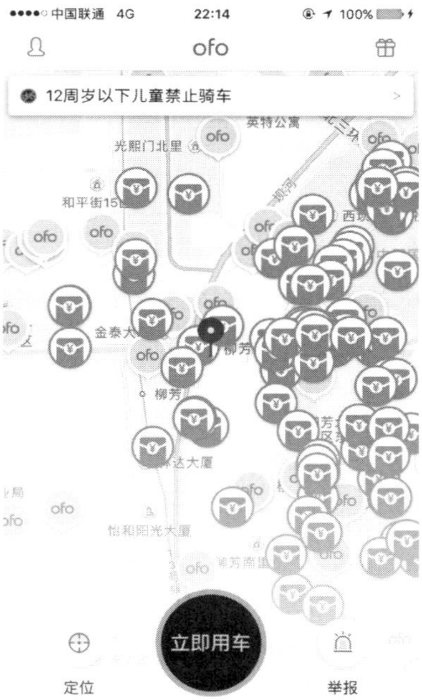

ofo 红包车区域

基于 ofo 的红包触发机制，羊毛党只要模拟用户的正常骑行行为，让 ofo 系统认定自己骑行时间超过 10 分钟，距离达到 500 米，就可以“薅”到红包。

因此，职业的羊毛党通过手中大量的ofo解锁码及GPS定位手机对ofo平台进行了规模化的薅羊毛。

在整个过程中，“羊毛党”只需要在手机上进行操作，不需要实际产生骑行行为。以每次单车红包的金额为5元左右，每天骑行次数上线为16次计算，每个刷单用户可以“薅羊毛”80元。而在掌握了大量手机黑卡的职业“羊毛党”手里，每个手机号每天带来80元，如果是100个手机号，单日“薅羊毛”就达到了8 000元。

随着职业羊毛党对红包系统的深入了解，甚至可以在电脑端通过模拟器刷红包获得红包补贴。

这些职业“羊毛党”不仅给ofo等共享单车带来了恶劣的影响，完全无法实现单车的动态调度，而且让很多真正需要单车的用户无法使用车辆。共享单车也通过技术手段不断检测“羊毛党”的刷单行为，一旦发现此类行为，账户会被系统拉入黑名单，不仅会扣除红包所得，还会根据相关规定扣除押金。

不管是个人“羊毛党”还是职业“羊毛党”，都会给产品和平台带来不必要的损失。“羊毛党”的存在也让我们要对运营活动中的大规模补贴进行反思。补贴归根到底是为了拉新促活，将用户真正的留在产品中。当用户开始使用产品之后，还是要通过产品功能的持续优化，打造用户增长体系，让用户在产品里面待得住。